Colección
EMPRENDIMIENTO
Y CRECIMIENTO PERSONAL

Pan House

Casa Editorial

Editorial PanHouse
www.editorialpanhouse.com

Edición general:
Jonathan Somoza
Gerencia editorial:
Paola Morales
Coordinación editorial:
Barbara Carballo
Edición de estilo:
Alberto Acevedo
Corrección editorial:
Carolina Acevedo
Corrección ortotipográfica:
Yessica La Cruz
Diseño, portada y diagramación:
Audra Ramones

ISBN: 978-980-437-061-8
Depósito legal: DC2021001503

CARLOS MALATESTA

¡FELIZ!

CÓMO CONSTRUIR
UNA VIDA DE BIENESTAR, ÉXITO Y PROGRESO

PanHouse

ÍNDICE

A todo aquel que quiere más de la vida…

AGRADECIMIENTOS

Agradezco profundamente a mi May, mi cachito y mi chipi chipi, por su amor incondicional y por ser la fuerza que me impulsa a querer ser cada día un hombre mejor.

SOBRE EL AUTOR

Carlos Malatesta, empresario, filántropo, padre, esposo fiel, hombre de negocios y hombre de mundo, nace el 5 de abril de 1975 en Buenos Aires, Argentina. A los siete años se muda a Venezuela, país natal de su padre. En el año 2000 se gradúa en la Universidad Central de Venezuela como ingeniero mecánico, con un premio especial de grado.

En el año 2004 se muda a Europa para realizar un máster en Energías Renovables en las universidades de Zaragoza (España) y Kassel (Alemania), del que se gradúa en el 2005. Hoy cuenta con más de quince años de trayectoria en esta área.

En el 2020 realiza un diplomado para formarse como *coach* de Intervenciones estratégicas en el Robbins-Madames Training Center. Es profesor de yoga, diplomado en 2018, Yogivibe Montpellier – Yoga Alliance.

INTRODUCCIÓN

No hay camino a la felicidad, la felicidad es el camino.

Mi amigo Laurent me dijo esa frase en el año 2004. Me pareció genial y dije: "Vale, pues lo voy a aplicar". Lo que sucedió fue que por más que yo quería ser feliz y utilizar la felicidad como mi camino, no podía dejar de sentirme triste o enojado.

En esa época estaba deprimido, me sentía solo y muchas veces enfadado. De alguna manera ese secreto, esa fórmula mágica que tenía tanto sentido para mí, no la podía aplicar. Me faltaban ingredientes.

Aunque yo he vivido una vida rica de experiencias y de situaciones, al comienzo, mi infancia fue muy dura para mí. Raramente me sentía feliz. Vivimos constantes mudanzas, cambios de escuela, de amigos, de países. Al irme de la Argentina, perdí contacto con mi abuela, mi *nonna,* que solo volví a ver dos veces en mi vida. Aparte de mi madre, ella era mi referente del amor y la dulzura. Una protectora.

Poco después, mis padres se divorciaron y las cosas se derrumbaron. Nuestra situación económica se hizo muy precaria y, solo gracias al esfuerzo y al trabajo de mi madre, nunca nos faltó alimento ni techo; sin embargo, los ingresos de la familia apenas alcanzaban para cubrir las necesidades básicas. Para colmo, unos años después llegó a casa un padrastro, con el que me llevé muy mal.

En mi adolescencia, mi vida pasó de sentirme mal a peor y mi autoestima se hundía en un pozo sin fondo, uno que me hizo vivir graves problemas de autoconfianza y de confianza hacia los demás, por lo que desarrollé un gran complejo de inferioridad.

Cuando descubrí el alcohol, tenía catorce años, me aferré a él y se convirtió en el perfecto amigo de mi padecer, la única herramienta en ese momento con la que pude enfrentar mi introspección y mi dificultad para relacionarme con los demás. En esos años, experimenté el rechazo, el *bullying*, muchas rencillas y dificultades con otros jóvenes.

Pero como dice el dicho, "Dios aprieta, pero no ahorca". A pesar de que odiaba vivir en las condiciones en las que crecí, siempre conté con el amor incondicional de mi madre y su ejemplo de lucha inagotable para sacar la familia adelante. Y como ella luché, estudié, me gradué y me convertí en un gran profesional, uno que tenía un deseo absoluto, una obsesión de no tener que volver a vivir jamás lo que había vivido en la niñez, ese sentimiento de nulidad, de sentir que no era importante, que no valía nada.

Con el pasar de los años, ese flujo tóxico de sentimientos, emociones, frustraciones, carencias, una entrega exagerada al trabajo y una rabia que estaba siempre presente dentro de mí, terminaron por desencadenar un proceso destructivo dentro de mi cuerpo: me diagnosticaron un cáncer. Dos años después, el primer tumor abrió paso a otros dos más en etapa tres, producto de una recaída del cáncer inicial.

En ese momento, sentí que el mundo se me venía encima. Todo se puso oscuro, silente, pesado. Me encontré entre la espada y la pared. Y fue allí, frente al abismo, que algo se despertó dentro de mí. Era ahora o nunca la oportunidad de dar el gran paso, uno firme, profundo, importante y definitivo que cambiaría completamente mi vida y me llevaría a vivir la vida que siempre quise vivir. Frente a una situación de casi no retorno, no tenía opción, sabía que tenía que cambiarlo todo.

Todas mis creencias fijas, cristalizadas, arraigadas se desvanecieron. Sentía que todo dentro de mí flotaba. Ya no tenía certeza de nada. Ya no sabía en qué creer. Cuestioné mi visión del mundo, de la existencia. Supe que tenía que ver la vida de otra manera, cambiar completamente las bases sobre las que había vivido.

En ese período fui bendecido con la llegada de ciertas personas, maestros, y de ideas que me ayudaron a reconstruirme. Fue un período en el que encontré a gente maravillosa: a Jaques Poncet, médico tradicional y acupunturista chino; a la profesora de yoga, para mí una de las mejores del mundo, Joëlle Piedra y su escuela Yogivibe; al más grande maestro motivacional y *coach* de

17

esta era contemporánea, Tony Robbins; también descubrí a ese científico loco de la salud humana y de la fortaleza física, Wim Hof; y al maestro de la energía y de la sanación pránica, Master Stephen Co, a quienes me rendí a escuchar y obedecer con una gran apertura de espíritu. Sin juzgar, ni pensar, simplemente seguí sus consejos para tratar de reconstruirme.

Hoy soy feliz, soy un hombre feliz. Nunca antes, jamás en mi vida había tenido una situación financiera tan sólida. Vivo en la abundancia. Mi cuerpo está sano, fuerte y lleno de energía. Estoy rodeado de familiares y amigos que me aman y que amo. Soy capaz de ayudar a otras personas que están atravesando dificultades similares a las que yo atravesé o que simplemente quieren más en su vida, dar un paso hacia adelante.

Tengo una esposa maravillosa, hermosa, que me ama y a quien amo, que es mi cómplice, mi amante y mi mejor amiga. Tengo dos hijos maravillosos que son la alegría de mi vida y de los que no podría estar más orgulloso.

No hay camino a la felicidad, la felicidad es el camino.

Todo ese cambio se produjo o se materializó en muy poco tiempo, en cuatro o cinco años aproximadamente, desde que apareció el primer tumor cancerígeno, en agosto de 2015 y el segundo, en 2017, el que me permitió hacer el cambio profundo, liberarme de mis actitudes negativas, y el que, finalmente, me ha permitido vivir esa frase: "No hay camino a la felicidad, la felicidad es el camino".

Me faltaba el método de trabajo, el procedimiento, el manual de instrucciones que finalmente encontré y para mí es un enorme placer, un orgullo y también una responsabilidad compartirlo contigo y con todas aquellas personas que lo necesitan, con alguna que no está viviendo su vida al máximo de sus posibilidades, que no ha logrado desarrollar su potencial en toda su grandeza.

Ahora, a través de un grupo de herramientas, de estrategias, de perspectivas, te haré entrega de este práctico manual para explicar de manera detallada, concreta y precisa, qué es lo que hay que hacer para vivir un camino de felicidad.

Este es el manual de un hombre feliz. Las técnicas específicas detalladas paso a paso que me han llevado a mí a vivir la felicidad, a seguir su camino, te las entregaré, porque sé que tendrán un impacto positivo en el tuyo, para que tú también puedas vivir la vida como lo que es, una aventura maravillosa, un camino lleno de experiencias enriquecedoras que te darán placer, alegría o te ayudarán a ser un hombre más grande, una mujer más grande, un ser humano mejor, más poderoso y más fuerte.

Es un orgullo para mí, un honor que inviertas parte de tu vida, tu tiempo, tus horas, tu energía en conocer mi experiencia. Disfruta de este libro. Léelo con entusiasmo y avidez. Haz los ejercicios propuestos en cada capítulo. Recuerda que el resultado que obtendrás al implementar las estrategias sugeridas, será siempre proporcional a la energía y el entusiasmo que decidas invertir.

La fuerza, el brío, la dedicación, la alegría, el compromiso y la responsabilidad con la que leas este libro son la base, las semillas, el abono del resultado fantástico que obtendrás al final.

Este manual es el principio de una vida maravillosa para ti. Disfrútalo. Disfruta tu vida y cuando estés feliz, sonriente, agradecido por lo maravillosa que es, estaré encantadísimo de conocer tu historia y compartirla también con otras personas que, al igual que tú, siguen este mismo camino.

La vida humana es maravillosa, es un milagro, ¡vivámosla como tal!

CAPÍTULO I

Las rutinas de la mañana

Pocos de nosotros lamentamos los años que lleva educarnos o dominar una habilidad crucial. Entonces, ¿por qué quejarse de la perseverancia necesaria para convertirse en un ser humano equilibrado y verdaderamente compasivo?

MATTHIEU RICARD

Para desarrollar tus objetivos en la vida, las rutinas matutinas son una de las herramientas más poderosas que podemos utilizar. Con ellas podemos alcanzar nuestros objetivos con mayor enfoque y disciplina. Una de las ventajas que tiene la práctica de cumplir con una rutina diaria, es que nos permite desarrollar la virtud de la constancia y la concentración, además de añadir energía a cada uno de nuestros días.

Una rutina es como un ritual que podemos hacer todos los días, en nuestro caso, lo recomendable es hacerla temprano por la mañana. Cuando cumplo con las mías, siento que enriquecen mis días y, gradualmente, me convierten en un mejor ser humano, en una mejor persona, en un ser más grande espiritualmente, más fuerte en personalidad y valores, más inteligente, más sabio, más sensible y capaz de lograr cada vez mayores cosas.

¿Y por qué una rutina o un ritual? Porque tiene un poder y una fuerza que podemos aprovechar si entendemos cómo utilizarla. Hacer una rutina y cumplir con ella permite que podamos acceder a niveles más profundos de nuestro potencial.

Para desarrollar tus objetivos en la vida, las rutinas matutinas son una de las herramientas más poderosas que podemos utilizar.

Cuando quiero lanzar un proyecto nuevo, cuando quiero cambiar algo que hago después de mucho tiempo, necesito una cantidad enorme de energía. Al utilizar la repetición, transformo en habitual eso que al principio era tan difícil, por lo que requiero mucha menos energía y

23

fuerza de voluntad para lograrlo. Lo que parecía imposible ahora me resulta fácil.

El poder de los rituales es enorme, tanto para bien como para mal. Hay personas que tienen rituales destructivos, rutinas que restan fuerza, poder, energía, enfoque. Poder escapar de estas rutinas negativas se hace una tarea ardua y difícil, si solamente usamos la fuerza de voluntad que, por muy grande que esta sea, solamente podrá contrarrestarlas hasta cierto punto.

Para poder ir más allá de lo imaginable, para lograr cosas extraordinarias, es necesario poner en práctica herramientas diferentes a la fuerza de voluntad. Si un día me siento cansado, por ejemplo, o estoy un poco enfermo, no tengo energía o hay eventos externos que son adversos a mis objetivos, para mí resultará mucho más difícil activar la fuerza de voluntad disponible para realizar las acciones que quisiera realizar. Pero si practico alguna rutina, el poder del ritual me permitirá lograr pasar a la acción frente a cualquier situación externa, sin necesidad de activar con toda su energía mi fuerza de voluntad.

Es muy importante comprender la fuerza de los hábitos, la fuerza de la rutina, esas cosas que podemos hacer repetidamente una y otra vez, una y otra vez, hasta que simplemente se hagan solas, sin que las tengamos que pensar, sin esforzarnos. Esa es la fuerza que vamos a explotar.

Todas las grandes personas, esas, que a través de la historia han logrado cosas extraordinarias en la vida, como aquellas que han marcado algún hito deportivo, en los negocios, para la humanidad, en la espiritualidad, todas esas grandes mujeres del mundo, todos los grandes hombres del planeta, todos, tenían rituales que utilizaban para poder mantener esa fuerza y avanzar permanentemente en cada uno de sus objetivos.

Nelson Mandela, ese hombre maravilloso que tanto hizo por la humanidad, y en especial, por su pueblo, mantiene aún hoy en día su legado en pie, a pesar de haber pasado a otra dimensión. Mandela todas las mañanas se levantaba muy temprano a hacer ejercicios, a cumplir con su rutina de entrenamiento de boxeador. Él había practicado ese deporte durante su juventud y nunca abandonó su disciplina.

En los veintisiete años que estuvo en prisión, todas las mañanas, al levantarse, lo primero que hacía era su rutina de ejercicios. En su biografía, confiesa que, sin ella, jamás hubiese podido lograr lo que logró, jamás hubiese podido resistir y mantenerse íntegro durante todos esos años privado de libertad. Entonces, siguiendo su ejemplo, ¿cómo podemos nosotros utilizar la fuerza del ritual, la fuerza de la rutina para producir valor en nuestras vidas? Y específicamente, ¿por qué la rutina de la mañana? ¿Por qué no hablamos de la rutina de la tarde o la rutina de la noche, que también son muy válidas?

Para mí tiene un valor especial, porque cuando salgo por la mañana y abro la puerta de mi casa, me encuentro con un nuevo día de mi vida, me voy a mi trabajo, me dispongo a enfrentar dificultades externas o a cumplir con proyectos que me apasionan. Para lograr vivir la vida que quiero para mí, la vida que me merezco, tengo que salir con un gran nivel de energía, quiero salir de la mejor manera. Si no me preparo, ¿cómo voy a tener la energía, el entusiasmo, las ideas, la frescura, la fuerza para poder alcanzar las cosas que quiero?

Si en vez de levantarme temprano, como regularmente hago, me levantara tarde por la mañana, luego de apagar el despertador unas diez veces, hasta sentirme vencido y obligado finalmente a ponerme de pie y en vez de respirar profundamente y tomarme un vaso de agua para activar mis órganos, me tomara tres tazas de café para intentar despertarme un poco; si desayunara una comida procesada por alguna industria alimentaria, llena de grasas, sin vitaminas, sin frutas, sin esa frescura de una comida sencilla y sana, y saliera corriendo al tráfico apenas abriera la puerta, hasta llegar a la oficina, seguramente me sentiría muy cansado, sin energía, sin pasión y con muy pocas ganas. ¿Piensas que es posible lograr resultados extraordinarios en esas condiciones?

Ahora te pregunto: los lunes por la mañana, cuando suena el despertador ¿cómo te sientes?, ¿cómo llegas a tu trabajo o a tus actividades del día?, ¿te toma más de dos días empezar a sentir que un cierto dinamismo se va instalando en tu semana? Cuando abres la puerta de tu casa ¿estás listo para comerte el mundo?,

26

¿estás listo para hacer tus sueños realidad?, ¿estás listo para pasar un día fantástico? En el momento de salir de tu casa, ¿tu día ha sido ya fantástico?, ¿lo has nutrido de actividades, de acciones que hacen que, a esa hora de la mañana tu jornada ya haya merecido la pena?, ¿sientes que ya has ganado, te sientes victorioso el lunes a las siete u ocho de la mañana, cuando sales a trabajar?

Si has respondido que sí, ¡fantástico! Si dominas y disfrutas del poder de los rituales, ¡estupendo! En caso contrario, si no tienes idea de qué trata una rutina o un ritual, o quieres aprender un poco más sobre ellos, te voy a contar el mío. Yo me levanto cada mañana a las seis. La primera hora de cada día de mi vida la dedico a practicar mis rituales. Lo primero que hago es hacer una meditación, específicamente el *priming*. Luego hago las respiraciones de Wim Hof y finalmente termino haciendo Yoga, o yendo a correr un rato. Veamos esto en detalle.

PRIMING

Esta meditación que aprendí de Tony Robbins, la puedes encontrar en inglés en YouTube. Simplemente escribe *priming* Tony Robbins y verás esa meditación fantástica que él propone; si quieres mi versión en español, la encontrarás en el canal YouTube de Carlos Malatesta.

Priming, en español, quiere decir "cebado", es decir, cargar de combustible una máquina o cualquier dispositivo para que funcione, es la acción de fomentar, animar, alentar, impulsar, apoyar, favorecer, preparar.

Para que la puedas hacer ahora mismo, te la describo con mis palabras. Siéntate en una silla o en un banco, pon tu espalda recta. Con los ojos cerrados, vas a iniciar una serie de respiraciones profundas que harás en tres sets de treinta respiraciones cada una.

En cada set, inspira y estira los dos brazos hacia arriba con las manos abiertas y expira y baja los brazos, doblando los codos, poniéndolos a la altura del diafragma, al costado del cuerpo, con los puños cerrados. Vuelve a inspirar, estira los brazos, expira y bájalos rápidamente, con energía. Inspirar y expirar a un ritmo de uno por segundo. De este modo vas a superoxigenar la sangre. Sentirás que te despiertas, tu cerebro empezará a hacer sinapsis porque las neuronas comenzarán a recibir más y más oxígeno. Cada célula de tu cuerpo se va a activar porque recibirá mucha cantidad de su principal alimento: el oxígeno.

Entre cada una de esas series vas a tomar treinta segundos para sentir tu cuerpo. Inspira y expira treinta veces, luego coloca tus manos sobre tus piernas, con las palmas hacia arriba y simplemente pon atención a tu cuerpo. ¿Qué es lo que sientes? Sentirás una calma, quizás ¿una posibilidad de equilibrio interior? Siente tu estado en general, siente tu cuerpo, escucha, activa tu atención para escuchar qué es lo que tu cuerpo dice.

Realiza treinta respiraciones más y luego vuelves a concentrar la atención en ti. Y una tercera vez, treinta respiraciones y luego a sentir cómo reacciona tu cuerpo. Al terminar, pasas a la segunda parte del *priming,* que es la gratitud.

Tómate un tiempo cada día; tres minutos para recordar tres cosas por las cuales estás profundamente agradecido. Puede ser algo tan sencillo como la sonrisa de tus hijos, la vez que conociste a tu pareja o ese paisaje hermoso que te conmovió. En total tres cosas que sean importantes en tu vida, por las que te sientas profundamente agradecido.

El momento en que celebrabas el gol en ese partido de fútbol, cuando tu equipo ganó, tu graduación, cuando fuiste ascendido en el trabajo, cuando nacieron tus hijos. Evoca esos momentos valiosos que te llenaron de mucha alegría y felicidad. Recuerda ese instante, vívelo, siéntelo de manera profunda. Los colores que había, los olores, con quién estabas, cómo te sentías, qué dijiste en ese momento. Vuelve a vivir esa gratitud profunda en tu cuerpo y siéntete agradecido por esas oportunidades que has tenido el valor de lograr.

Para hacer esto, pon tus manos en el corazón, con los ojos cerrados inspira y expira, respira profundamente dentro de tu corazón y siente cómo late. Siente cómo la sangre fluye dentro de él, su ritmo, su fuerza, su energía, toda la vida que te ha dado ese órgano, el amor que hay dentro de él, el que das y el que recibes. Una vez que te conectes conscientemente con tu corazón, vas a revivir, a buscar esas tres cosas por las cuales estás profundamente agradecido. Pasa un minuto con cada recuerdo.

Luego de la gratitud, dedica un momento para sanar tu cuerpo. ¿Cómo lo vas a hacer? Pide a tu subconsciente, a Dios, a tu Yo interior, al universo, como lo quieras llamar, lo que sea que te corresponda mejor, que sane todo aquello dentro de ti que tenga que ser sanado. Tus huesos, tus órganos, tu sangre, tu alma, tus emociones, tus ideas, tus pensamientos, tus relaciones, tu trabajo.

En este momento, visualiza una luz blanca que entra en tu cuerpo. Siente el efecto sanador dentro de tu ser. Pide también que todo aquello que tenga que ser resuelto en tu vida, sea resuelto en este instante, tanto con los demás, como contigo mismo y siente que ha comenzado a suceder.

Finalmente, pide que todo aquello maravilloso que existe dentro de ti sea reforzado y desarrollado. Tu capacidad de amar, tu compasión, tu coraje, tu valentía, tu capacidad de apreciar los milagros de la vida, tu fortaleza, tus ideas, tu creatividad, tu capacidad de ayudar, tu pasión por la vida, que todo sea reforzado.

Y una vez que sientas que todo está sanado, que todo está resuelto y reforzado, sentirás una alegría natural, contagiosa y la vas a compartir. Vas a enviar esa alegría, esa energía que fluye en ti a todos tus seres queridos que están a tu alrededor. La compartirás con tus padres, con tus hijos, con tu pareja, con tus amigos, con tus vecinos, sentirás cómo se expande a toda la ciudad, a todo el país y a todo el mundo. Vas a visualizar la Tierra entera, rodeada de esa energía que emana de ti, esa energía que cura, que sana, que resuelve, que fortalece.

En este momento te vas a conectar con el Padre Creador, con el universo, visualiza una luz que baja del cielo, que se proyecta en tu cabeza y atraviesa todo tu cuerpo, como una perla o una lluvia, un torrente que invade todo tu ser. A medida que inspiras y expiras, sentirás que la luz traspasa tu cabeza, tu pecho, tu abdomen, tus piernas, tus pies y se conecta profundamente con la tierra.

Verás cómo esa perla entra al centro de la tierra. Y cuando vuelves a inspirar, sube y vuelve a entrar por tus pies y atraviesa todo tu cuerpo, y en la expiración se va otra vez al universo. Continúa respirando, vive la conexión con el cielo y la tierra.

Finalmente, pasas a la última etapa, la etapa de visualización de los objetivos que quieres lograr en este momento de tu vida, hoy, en este mes, en este año. ¿Qué es lo que quieres lograr?, ¿qué es importante para ti? Escoge tres objetivos y los visualizarás.

En tu visualización no te verás en el proceso de alcanzarlos, sino que te visibilizarás en el momento de haberlos alcanzado. Quiero que te veas celebrándolos, feliz de haberlo logrado. Que te contemples en esa reunión, tal cual querías que te saliera. Quiero que te veas al final de esa conversación que salió tal como lo esperabas. Quiero que te veas feliz, celebrando. ¿Cómo lo vas a celebrar? ¿Cómo vas a expresar tu alegría con tu cuerpo? ¿Con quién vas a estar en esa celebración? ¿A quién se lo vas a contar? Quiero que vivas, que visualices el momento de celebración, cuando ya hayas logrado tu meta. ¿Qué vas a hacer con ese éxito que has estado construyendo, que has logrado en ese momento? Un minuto por cada objetivo.

En total, todo el proceso de *priming* dura entre diez y quince minutos, y te va a permitir realinearte contigo, volverte a conectar con quien tú eres, sanarte, sentirte profundamente agradecido por lo afortunado que eres hoy, ahora mismo, y porque ya has vivido cosas maravillosas en tu vida. Te ayuda a visualizar exactamente qué es lo que quieres, de qué va tu vida, qué es lo tú quieres lograr. Esos diez o quince minutos que pasas contigo cada mañana van a transformar tu vida. Te lo garantizo.

RESPIRACIÓN PRÁNICA O WIM HOF

Luego del *priming*, hago las respiraciones de Wim Hof. Él es un holandés que desarrolló un método para reapropiarse de su cuerpo y relanzar todo su potencial, descubrir todo lo que tu cuerpo es capaz de hacer. Lo hace a través de la respiración y la exposición controlada al frío. En este caso, nos centraremos únicamente en la respiración, respiraciones diafragmáticas o abdominales, respiraciones pránicas. Es una técnica que consiste en la toma de aire, partiendo desde el abdomen y terminando en el pecho.

Nosotros tenemos la tendencia de respirar tomando el aire desde el tórax, desde el pecho, justamente, donde los pulmones son más pequeños o más estrechos y tienen menor capacidad de absorción de oxígeno. La verdadera respiración es la que practican los bebés y los niños, la que hacen desde la zona abdominal.

Hay que respirar empujando el diafragma hacia abajo, creando espacio para que los pulmones se expandan y el oxígeno que se encuentra en el aire que inhalamos, pueda llegar hasta la parte baja de los pulmones, que es la más eficaz, la que tiene mejor *performance* para absorber oxígeno. ¿Y cómo funciona? Pues lo puedes buscar en Internet. En la página de Wim Hof encontrarás su explicación directa. ¿Cómo lo hago yo? Te lo explico:

Me acuesto en el suelo e inspiro por la boca profundamente, inflando primero el abdomen y luego el tórax. Treinta veces inspiro y expiro, simplemente relajo mi cuerpo y dejo salir el aire. Inspiro lenta, profundamente, inflo primero el abdomen, luego los pulmones y expiro, dejando al aire salir de manera natural, sin forzar. Treinta veces, la última vez, luego de expirar la treintava vez, vacío completamente los pulmones y retengo la respiración en apnea. Me quedo ahí, aguantando la respiración todo el tiempo que pueda, sin forzar. Aprovecho para sentir que mi cuerpo se relaja.

Experimento, vivo las sensaciones que aparecen en mi cuerpo, la vibración de los pulmones. Me doy cuenta de que puedo aguantar la respiración más de un minuto, dos, quizás hasta tres minutos o aún más, a medida que voy desarrollando la práctica.

¿Y cómo es esto posible? Simplemente porque he hiperoxigenado las células, los glóbulos rojos están repletos de oxígeno por lo que mi cuerpo no necesita seguir respirando, pues tiene todo el oxígeno que necesita. Esta hiperoxigenación va a reducir la cantidad de CO_2 en mi cuerpo a un nivel muy bajo, desencadenando mecanismos de protección que producen la segregación de hormonas analgésicas y antinflamatorias y una sensación de tranquilidad, de paz, de serenidad.

El cuerpo entra en un verdadero estado de emergencia y activa un modo de supervivencia. Siento cómo mi cuerpo se tranquiliza. *Hackeo*, por decirlo así, mi sistema interno para producir armonía y paz, desencadeno la bioquímica de la tranquilidad.

Una vez que necesite respirar, hago una sola inspiración profunda y retengo el aire. Empujo todo ese aire dentro de mi cabeza, elevando la presión interna, para estimular aún más mi cerebro y las glándulas de secreción de hormonas que hay en él. Todo ese oxígeno en mi cerebro me hará sentir una sensación de paz, un calor que va a inundar todo mi cuerpo. Retengo el aire unos quince segundos y luego vuelvo a iniciar otro ciclo de treinta respiraciones.

En total, puedo hacer tres, cuatro o hasta cinco ciclos si me resulta agradable. Esta práctica frecuente nutre a mis células de oxígeno, que es su alimento principal y las mantiene vivas. La razón principal de la muerte celular y del envejecimiento prematuro del cuerpo es que nosotros no sabemos respirar, nuestras células se encuentran en una constante apnea, sufriendo de hipoxia, esa falta de oxígeno que las hace morir rápidamente.

ACTIVA TU CUERPO

Una vez que he hecho estos dos ejercicios, *priming* y las respiraciones pránicas, es el momento de activar el cuerpo, de hacer un poco de deporte. Me encanta el yoga y lo recomiendo vivamente. El yoga es la única actividad deportiva donde el resultado es desproporcionado con el esfuerzo invertido, porque no solamente te sientes mejor, tu cuerpo se pone en forma y desarrollas músculos, sino que, además, ganas flexibilidad y desarrollas una práctica espiritual que impacta de manera directa tu calidad de vida.

Yo alterno yoga y trote. Salgo todas las mañanas a correr por treinta minutos. Los primeros cinco minutos, camino tranquilamente, simplemente para que el cuerpo se vaya calentando. No quiero salir a correr de una vez porque mi cuerpo, mis músculos, mi sistema cardiovascular todavía no se ha desentumecido. Si corro sin calentar, les pido a mis músculos que trabajen en escasez de oxígeno. De esa manera crearía en ellos microlesiones y produciría ácido láctico, lo que modificará el pH de mi sangre, haciéndola más ácida.

Entonces, empiezo a caminar tranquilamente por cinco minutos, sin esforzar mi cuerpo y, luego, empiezo a trotar. Inicio con un trote suave, manteniéndome siempre en estado aeróbico. ¿Qué quiere decir esto? Que mis músculos siempre tienen oxígeno suficiente para poder realizar sus funciones. Si no están en apnea, no habrá producción de ácido láctico.

Mi sistema cardiovascular se empieza a activar y mi cuerpo se empieza a calentar, entonces, empiezo a transpirar un poco. Mi corazón late un poco más rápido, sin forzarlo, me doy cuenta de que mis músculos reclaman oxígeno y comienzo a respirar más rápido de manera natural. Tengo que estar concentrado en respirar profundamente, suficientemente, para que el oxígeno llegue a todas las partes de mi cuerpo a través de mi sistema cardiovascular, que activa los capilares, llevando la sangre a sitios a los que normalmente no llega cuando el cuerpo está en reposo. Es importante solicitarlo gradualmente, para evitar que los músculos trabajen en apnea.

Para estar seguro de que no estoy en apnea, utilizo la fórmula de los 180 latidos del corazón por minuto menos mi edad. En mi caso, eso me da 135 latidos por minuto. Controlo mis latidos a través de un monitor de ritmo cardíaco, que hoy en día consigues sin dificultad en las tiendas de deportes. Si no tengo uno a la mano, simplemente hago ejercicios de una manera en la que pueda mantener una conversación normal, sin perder el aliento.

Hago una actividad física durante treinta o cuarenta y cinco minutos, bien sea correr o hacer yoga. Los últimos cinco minutos, paro el trote y comienzo nuevamente a caminar, para que el sistema cardiovascular, el corazón recupere el ritmo normal de latidos.

No puedo ir corriendo a toda velocidad y luego sentarme a desayunar sin tener un período de adaptación, justamente para eso es la caminata, para que la sangre siga fluyendo y todos los desechos producidos por mis músculos en acción no se acumulen y puedan ser evacuados a través ella. Esos cinco minutos de caminata lenta antes de empezar a correr y cinco minutos luego de terminar son muy importantes.

El tiempo que puedas invertir en tu rutina de la mañana, depende de ti. Yo hago una hora cada mañana, a veces un poquito más, si tengo tiempo. Pero siempre estoy centrado en esta hora de poder que me produce muchísima energía. Cuando regreso de correr, tomo mi ducha y cuando estoy listo para salir de casa, me siento dinámico, completamente despierto, con ganas de salir a la calle, con ganas de ir a trabajar, con ganas de enfrentar la vida, entusiasmado y lleno de energía.

El contraste de mi estilo de vida actual el anterior, cuando vivía en el sufrimiento, es impresionante. Antes, por las mañanas, me levantaba a rastras de la cama, como podía, me vestía y tomaba litros de café para tratar de activar mi día. Salía de la casa y llegaba a la oficina con un humor de perros y me costaba mucho producir valor.

Se me dificultaba tener relaciones positivas con las personas a mi alrededor, porque me presentaba ante la vida en un estado mediocre. Esta hora activa que dedico a mi cuerpo, me produce un estado de poder, un estado de plenitud y cuando me presento a la vida en ese estado, los resultados son infinitamente mejores, realmente infinitamente mejores.

Ahora tienes la oportunidad de diseñar tu rutina de la mañana. Eres tú quien tiene que buscar lo que realmente te conviene. No tienes que hacer necesariamente lo que me funciona a mí, sino experimentar y descubrir qué es lo que realmente sientes y sabes que te va a ayudar. Yo te recomiendo que mantengas siempre un momento de agradecimiento, de gratitud.

Es indispensable tener presente que la vida es fantástica y maravillosa y que, nosotros, en el día de hoy, tenemos razones suficientes para ser felices. ¡Hemos recibido tantos regalos en la vida! Si yo me concentro en lo que he recibido y no en lo que he perdido, me resultaría muchísimo más fácil tener un estado fuerte para conseguir mejores resultados.

> *Es indispensable tener presente que la vida es fantástica y maravillosa y que, nosotros, en el día de hoy, tenemos razones suficientes para ser felices.*

Luego de la gratitud, haz un poco de deporte, una actividad que encienda tu sistema cardiovascular. Si no te gusta correr, camina. Simplemente sal a caminar por veinte minutos. Que tu sangre circule y que lleve oxígeno a todo tu cuerpo.

ALIMENTACIÓN

No olvides cuidar tu alimentación en el desayuno. Intenta comer frutas, verduras, de vez en cuando un poco de proteína, sin llegar a abusar. Prepárate un desayuno que te brinde energía, no que te deje haciendo una digestión pesada. ¡Evita alimentos industrializados, sin vitaminas o alimentos muy grasos y pesados que te quiten energía que será utilizada en la digestión y no en vivir!

Mi rutina alimentaria de la mañana incluye: un jugo de verduras naturales, por ejemplo, remolacha, zanahoria o apio, que endulzo un poquito con una naranja o una manzana. Me tomo ese jugo todas las mañanas y después desayuno sin gluten, sin productos lácteos. Generalmente, consumo cereales sin gluten, con trozos de frutas y un yogurt de leche vegetal, bien sea de almendras o de coco, sin azúcar. Me tomo una infusión o un té verde. De este modo, ingiero vitaminas, tengo la energía de un desayuno ligero que me da lo suficiente, me aporta lo necesario para empezar un día dinámico.

El objetivo de esta rutina de la mañana, de esta hora de poder matinal, es prepararte para salir de tu casa a comerte el mundo. Piensa en eso, ese es tu resultado. El resultado que busco para ti es energía, fuerza, motivación, entusiasmo. Yo lo que quiero es poder salir por las mañanas a comerme el mundo, tener la fuerza, la energía, la voluntad para lograr mis metas. Diseña tu rutina de la mañana para lograr este objetivo y siempre guarda un momento primordial para la gratitud. También, guarda un momento primordial para mover tu cuerpo y para respirar, es fundamental.

ENCANTAMIENTOS

El último consejo que te voy a dar es uno de los secretos más grandes de Tony Robbins, un secreto mal guardado, porque él lo grita a los cuatro vientos. El secreto de cómo logró pasar de la miseria más absoluta, el sufrimiento y la depresión, a transformarse hoy en día en uno de los líderes de la humanidad.

El secreto son… "los encantamientos". Los veremos más en detalle en un capítulo específico, son brujería, pero brujería de la buena.

Consiste en repetir una frase una y otra vez, una y otra vez, en voz alta, acompañándola con movimientos de tu cuerpo, para que esa frase pueda instalarse en tu subconsciente. Ahora mismo, tú ya utilizas encantamientos, igual que las rutinas de la mañana, quizá de manera automática y negativa. Utilizamos encantamientos cada vez que nos repetimos una y otra vez: "No vales para nada", "Mira lo que has hecho", "Otra vez te has equivocado, eres un inútil"…

Eso también es brujería, pero esta vez es magia negra que te quita fuerzas y te paraliza. Necesitamos tomar el control de esta magia y transformarla en una que nos dé fuerza, que nos ayude. Vamos a repetir frases como, por ejemplo, "Cada día soy más fuerte", "cada día soy más feliz", "Amo mi vida". Quizás, al salir a trotar o a caminar, es el mejor momento para hacerlo. Camino y voy al ritmo de la respiración. Cada vez que expiro digo: "Amo mi vida", "Cada día soy más feliz", "Amo mi vida", "Cada día soy más feliz". Puedes crearte una encantación personal que sea la tuya propia.

La mía es más bien larguita, pero enciende mi cuerpo, mi mente y mis emociones de una manera espectacular. Repito mi lista de frases sin cesar por quince o veinte minutos, en conjunto con el ritual de mi cuerpo activo. Vivo y repito cada una de las frases. Las comparto contigo:

"Le pido a mi subconsciente
que active todas y cada una de mis células.
Todas y cada una de mis neuronas.
Todas y cada una de las partes de mi cuerpo.
Todas y cada una de mis potencialidades.
Para liberar
¡la mejor versión de mí!,
¡la mejor versión de mí!
Yo, Carlos Malatesta,
¡decido despertar!,
¡decido despertar!,
¡decido despertar!
¡Soy una fuerza para el bien!
¡Soy una fuerza para el bien!
¡Yo soy un líder!".

Esa es mi encantación de las mañanas. Así que ya lo tienes todo. Ahora, tu tarea es estructurar tus mañanas para darte esa fuerza necesaria. No te presentes a la batalla sin haberte preparado. No te presentes a la competición sin haberte preparado. ¡Qué crees tú que hace un súperatleta como Usain Bolt u otro de los grandes deportistas del mundo una hora antes de empezar sus competencias?, ¿cómo se preparan para tener esa fuerza mental, para tener esa concentración, para poder sacar lo mejor de sus cuerpos, lo mejor de sus habilidades en el reto que están a punto de iniciar?

Obsérvalos, mira la preparación de los deportistas de alto rendimiento momentos antes de sus competencias. Observa sus expresiones, su mirada, cómo se concentran, cómo se preparan. ¿Se preparan de esta manera porque son superatletas o son superatletas porque se preparan así? Es lo que vamos a buscar nosotros también antes de enfrentarnos a la vida, antes de salir a ganarnos el pan, antes de salir a buscar nuestros sueños, a desarrollar nuestras relaciones.

¡Prepárate! Cada hora que tú inviertas en preparación será recompensada con días, meses, años de progreso. Vas a avanzar tan rápido que la rentabilidad de esa inversión de tiempo va a ser enorme, la más grande que hayas tenido en tu vida. Piensa en el término financiero, el retorno sobre la inversión, con el que muchos de ustedes pueden estar familiarizados. Lo vamos a adaptar. Lo transformamos en retorno sobre el tiempo invertido, del tiempo que voy a invertir cada mañana en mí. En lo más valioso que tengo, lo más valioso que

> *¡Prepárate! Cada hora que tú inviertas en preparación será recompensada con días, meses, años de progreso.*

yo tengo en mi vida soy yo mismo, pues porque soy yo el que puede conseguir todo lo demás.

Soy yo el que buscó a mi pareja, soy yo el que tuvo a mis hijos, soy yo el que encontró a mis amistades, soy yo el que sale a trabajar y tiene proyectos, soy yo el que ha ganado todos y cada uno de los céntimos que he acumulado a lo largo de mi vida. Si yo soy fuerte, mis resultados siempre van a ser mejores.

Prepara tus mañanas, prepárate cada día para salir a lograr tus objetivos. No vuelvas nunca más a salir dormido a la vida, vacío, desinflado, con nada más en tus bolsillos que tus manos.

PASEMOS A LA ACCIÓN

Recuerda que el impacto de estas ideas en tu vida es directamente proporcional a la energía, el tiempo y el entusiasmo que inviertas en él. No te quedes solo con una lectura ligera, métete a fondo y realiza todos los ejercicios propuestos, ¡tu vida te lo agradecerá!

1. Revisa mentalmente y escribe cuál es, al día de hoy, tu rutina de la mañana. ¿Tienes espacio para la gratitud? ¿Realizas una actividad física? ¿Haces una meditación? ¿Qué frases te repites una y otra vez cada mañana? ¿Cómo te alimentas antes de salir a la vida?

2. Decide cuánto tiempo vas a invertir en tu preparación diaria, a partir de mañana. ¿Quince minutos para despertar? ¿Treinta minutos para dinamizar tu vida? ¿Una

hora para salir a comerte el mundo? Decide a qué hora te levantarás para tener el tiempo necesario. Empieza poco a poco y, gradualmente, aumenta el tiempo, a menos que seas un indetenible como yo y vayas directo a una hora para salir ¡a comerte el mundo!

3 . Diseña tu plan de la mañana, tiempo para meditar, para la actividad física, los encantamientos, etc. Escribe tu programa de manera precisa y comprométete contigo mismo, pase lo que pase, a realizar ese nuevo ritual de transformación de tu vida.

4 . Finalmente, ve y cuéntaselo a todo el mundo. Habla con tu marido, tu esposa, tus padres, hijos, amigos. Cuéntales a todos para crearte condiciones externas a ti que te sostendrán en los días difíciles, ya sea porque no quieres quedar mal frente a todos aquellos a quien anunciaste tu nuevo ritual, ya sea porque te quieren y te ayudarán a mantenerte firme.

5 . Celebra contigo mismo cada vez que hagas tu rutina de la mañana. Cierra los ojos y dite a ti mismo: "Te felicito de corazón. ¡Gracias, gracias, gracias!".

CAPÍTULO II

Las encantaciones

Esta es la única forma de cambiar verdaderamente
nuestros comportamientos y emociones a largo plazo:
debemos entrenar nuestros cerebros
para hacer que las cosas sean efectivas.

ANTHONY ROBBINS

En el capítulo anterior hablábamos un poco sobre las encantaciones, una práctica que consiste en repetir una frase una y otra vez, en voz alta, acompañándola con movimientos de tu cuerpo, para que pueda instalarse en tu subconsciente. Ahora, vamos a desarrollar este tema en detalle ¡vamos a hacer brujería, magia!, pero de la blanca.

Vamos a ir a buscar lo sobrenatural con una estrategia, con una técnica fantástica que te va a dar la energía, la fuerza, la profundidad de espíritu para poder lograr todos los retos que te propongas por muy impresionantes que sean o inalcanzables que parezcan.

Una de las técnicas más poderosas para cambiar la realidad de tu vida son las encantaciones. Es la técnica que, según Tony Robbins, lo construyó, aquella que le permitió transformarse en el hombre que es hoy en día, la que le permitió construir el imperio del bien que ha sabido dirigir. Cuando yo mismo la he utilizado, he sentido y comprendido por qué ha dicho esto.

Desde mi perspectiva, desde mi comprensión, sé por qué esta técnica es realmente muy eficaz: porque construye seres humanos de calidad superior.

Empecemos desde el principio: ¿qué es una encantación?, ¿cómo funciona una encantación? Esta especie de magia consiste en buscar una frase que me dé fuerza, que me empodere, para luego repetirla una y otra vez sin cesar. Pero, ojo, no basta con repetirla; para que la magia tenga efecto debo decirla en voz alta, sintiéndola, viviéndola con una verdadera emoción, hay que añadir el cuerpo, su fisiología, las emociones, todo lo que soy, repetirla de manera intensa con mi cuerpo participativo.

¿Y por qué?, ¿qué es lo que busco al repetir esta frase? Es algo similar a lo que practican los hindúes con los *mantras*. Ellos repiten sus *mantras*, frases que inspiran, frases de poder, frases que describen lo que quieren ser, para que sean integradas en el subconsciente y se transformen en parte de ellos mismos.

Lo que dice Tony, que a mí me gusta mucho y se los comparto, es que no solamente debo repetir la frase en mi cabeza, sino que tengo que hacerlo en voz alta y utilizar todo mi cuerpo, para que mi cerebro, mi subconsciente, pueda participar y pueda verse impregnado. De esta manera, será transmitida a lo más profundo de mi ser.

Mientras más energía e intensidad le ponga a una encantación, más fuerte será, más impacto tendrá. Tiene sentido, ¿no? Utilizar esta magia con poca energía, es como poner una pila vieja o una pila de poca potencia dentro de un juguete nuevo o poner gasolina de bajo octanaje en un auto de carrera. El resultado siempre va a ser proporcional a la energía invertida, la calidad y la potencia utilizada en la encantación. Mientras más energía invierto, mejor será el resultado.

Las mañanas son los momentos del día más interesantes y recomendables para que puedas hacer estas encantaciones, porque te dispones a tomar tu caminata diaria o trote diario, o porque te vas a hacer deporte. Lo ideal sería levantarse diez o quince minutos más temprano y dedicar ese tiempo para repetir una y otra vez una o varias frases, viviéndolas con intensidad, con fuerza, moviendo tu cuerpo, realmente viviendo, siendo tú en esa frase en el momento en el que la digas.

¿Cuáles son los ejemplos de estas frases? ¡Hay muchísimos! Un ejemplo de una frase muy sencilla que a mí me gusta mucho es: "Yo amo mi vida". La repito, cuando voy corriendo o voy caminando. Recuerda, la magia tiene más poder cuando mueves tu cuerpo, aprovecha tus actividades físicas para hacer tus encantaciones. Mientras camino o corro, voy diciendo:

"¡Amo mi vida!,
¡me encanta mi vida!,
¡amo mi vida!,
¡me encanta mi vida!".

Hay que repetirla una y otra vez, una y otra vez durante diez, quince minutos o más, todos los días o al menos cinco veces a la semana.

Después de diez minutos de movimiento corporal, viviendo esta frase, te sentirás lleno de energía, te sentirás como eufórico, vas a estar en un estado pico, un estado en el que querrás comerte al mundo, enfrentar cualquier reto, te sentirás capaz de enfrentar ese reto difícil que no asumías por falta de confianza. Un estado en el que podrás acercarte a la persona con la que quieres hablar, lograr todo lo que quieres lograr, un estado de seguridad y convencimiento de poder conseguir todo lo que quieres, sentirás la certeza de que sí lo vas a alcanzar, de que caminas por buen camino, que vas en buena dirección. Sentirás que estás en el camino de la vida que tú quieres para ti.

Las encantaciones pueden ser cortas o largas y deben tener resonancia contigo, algo que para ti tenga sentido. Puedes iniciar con una simple frase. Sal a caminar y repite:

> *"¡Gracias!*
> *¡Gracias!*
> *¡Gracias!*
> *¡Gracias!*
> *¡Gracias!".*

Hazlo al menos por cinco o diez minutos, camina, mira a tu alrededor, observa la naturaleza que te rodea, a las personas que van y vienen, piensa y agradece por tus seres queridos, por tener dos piernas para caminar, dos brazos para abrazar, agradece por tener un par de ojos que están sanos, por saber que hay gente que te ama y porque has vivido cosas maravillosas durante tu vida.

Simplemente di "¡gracias, gracias!". Haz una caminata de diez minutos, mientras la haces, repite "¡gracias!" cada dos o tres segundos y, cuando la pronuncies, siente realmente esa gratitud, pon tus manos en el corazón, mira la madre tierra, la naturaleza, el cielo, conéctate con ellos, cambia la tonalidad de voz y, al final, siente y observa tu estado anímico y emocional, tu cuerpo, tu mente. ¿Por qué digo que es magia? Porque luego de agradecer por diez minutos con esa intensidad, vas a sentir que algo mágico ha pasado. No creerás todo lo que sentirás, el estado en el que estarás. ¡Es impresionante!

Para continuar con los distintos tipos de encantaciones, hay una desarrollada por Tony Robbins, poderosa, que me gusta mucho y que voy a compartir contigo. Esa encantación la llamo *la voz* y dice así:

Agradece por saber que hay gente que te ama y agradece porque has vivido cosas maravillosas durante tu vida.

"Y ahora yo soy la voz.
Voy a liderar, no a seguir.
Voy a creer, no a dudar.
Voy a construir, no a destruir.
¡Soy una fuerza para el bien!
¡Yo soy un líder!
Desafío las probabilidades.
Me fijo un nuevo estándar.
¡Doy un paso al frente!
¡Doy un paso al frente!
¡Doy un paso al frente!".

Estos versos, que juntos conforman un poema, ¡me han dado tanta energía, tanta fuerza, tanto poder en los momentos que me he sentido deprimido. ¡Gracias a ellos no me he vuelto a sentir abatido!, ¡ya no!, ¡no más bajones de energía! Lo repito en momentos cuando pienso que el reto es muy grande, cuando estoy físicamente agotado y aún no he terminado con mis objetivos del día.

En los momentos en que me siento enfadado, de mal humor o frustrado, porque las cosas no son exactamente como yo quisiera que fueran, en esos momentos yo utilizo esta encantación en una caminata de cinco minutos y la repito una y otra vez con intensidad, con fuerza. Me gusta mucho acompañar las palabras con golpes en el pecho, con una mano para acentuar la fuerza, para darle potencia a cada una de las frases. Me gusta pronunciarlas en voz alta, casi a gritos. Me gusta ir aumentando el tono de voz, como *in crescendo*. Siento la intensidad de las oraciones, siento mi cuerpo mientras voy hablando y repitiendo cada una de las frases, siento una energía, una fuerza espectacular, realmente impresionante. ¡Simplemente magia!

Yo también he desarrollado algunas encantaciones propias, porque en todo lo que hacemos, en todos los trabajos que realizamos, siempre tenemos que buscar las cosas que son buenas para nosotros. Lo que funciona para mí o funciona para ti, no es necesariamente lo que funciona para los demás.

Hay cosas que podemos compartir con otros. Ciertas estrategias, ciertas frases, ciertos objetivos, los podemos compartir con otras personas. Pero la fuerza interior siempre viene de la fidelidad a sí mismo, de ser fiel a lo que uno es, de no intentar transformarse en lo que uno no es, o imitar a otras personas que, por una u otra razón, creemos que son mejores que nosotros. Nos debemos el ser vigilantes frente a comportamientos y patrones de conducta que la sociedad actual, la cultura actual o tu entorno intentan inculcarte.

¡Atención!, hay una distinción que hay que tomar en cuenta, es fundamental modelar comportamientos de personas que han logrado los objetivos que nosotros queremos lograr. Es una gran estrategia que permite avanzar y progresar mucho más rápido, aprovechando el camino trazado por otra persona. Sin embargo, esto no debe confundirse con abandonar tu esencia interior y lo que realmente eres, negar lo que eres, negar tu verdad interior, negar tu esencia, ese polvo de estrellas con el que has nacido y que existe desde mucho antes de nacer.

En mi búsqueda de fidelidad conmigo mismo, descubrí lo que yo soy y lo que yo quiero y he creado encantaciones propias, mías, que utilizo siempre que voy a enfrentar un reto difícil. Por ejemplo, cuando daba clases de yoga, en mi caminata hacia la escuela donde las impartía, iba repitiendo esta encantación:

"Le pido a mi subconsciente que active
todas y cada una de mis partes,
todas y cada una de mis células,
mi sensibilidad,
mi energía, mi fuerza, mi confianza en mí,
¡para poder dar una clase de yoga espectacular, espectacular!
Lograr conectarme con el cielo, mi padre,
con la tierra, mi madre, en equilibrio perfecto.
Transmitir el equilibrio y
la fuerza de la naturaleza,
para ayudar a sanar y mejorar la calidad
de vida de mis alumnos".

La repetía una y otra vez, una y otra vez durante los diez o quince minutos que me tomaba llegar a mi clase. Luego, me sentaba en meditación durante otros quince minutos y cuando llegaban mis alumnos estaba lleno de energía y confianza, sabía con certeza que estaba al servicio de ellos y que mi rol consistía, simplemente, en ser un canal para una energía superior y en transmitir, dejar pasar, esa energía que fluía a través de mí.

Nunca preparaba mis clases, no las anticipaba. Lo que preparaba era mi calidad como profesor, a través de mi práctica diaria y mi trabajo interior, y las clases las desarrollaba en función de la energía que sentía en el momento con cada uno de mis alumnos. Esa encantación me daba certitud, fuerza interior y me llevaba a un estado en el que era capaz de transmitir lo que necesitaba sin ningún miedo, sin ninguna duda, sin ninguna objeción. Simplemente, era un canal a través del cual fuerzas superiores se manifestaban.

Tengo otra encantación que repito por las mañanas, que ya te presenté en el capítulo anterior y que es una de mis preferidas. Una encantación de crecimiento interior, que me ayuda a transformarme en el hombre que soy, en el hombre que quiero ser.

Esta encantación la acompaño de golpes o palmadas en cada uno de los distintos chakras, un *tapoteo* con la palma abierta en el primero, segundo, tercero, cuarto, quinto, sexto y séptimo chakra. Fue algo que desarrollé de manera instintiva, para activar todos mis puntos de energía, para hacerla circular, para que todas mis partes se activaran y fueran estimuladas. Esa encantación es la más poderosa para mí, es la que me gusta más y es la que me hace tener la certeza de que sigo creciendo cada día, de que quiero progresar y de que cada día puedo ser un hombre mejor.

Te voy a contar la historia del día en el que creé mi encantación personal. Durante el primer confinamiento por el COVID en Francia, en marzo del 2020, fui a refugiarme con mi esposa y mis hijos a la casa de campo de su familia. El tema de la pandemia era algo nuevo para nosotros y todos teníamos miedo. Mi oficina estaba cerrada. Los niños no tenían escuela, hacían sus deberes escolares a distancia y éramos nosotros, mi esposa y yo, quienes les dábamos clases y guiábamos las tareas que mandaba la maestra. De igual forma, mantenía mi empresa trabajando a distancia. Todo se hacía por *e-mail*, teléfono y videollamadas.

Estaba por iniciar la primavera, pero todavía hacía un poco de frío. De hecho, nevó, lo cual fue muy atípico. En esos días, mi estado de ánimo era bajo. Tenía, como todos, mucho miedo. Mis condiciones de vida eran completamente diferentes. No sabíamos qué iba a pasar y había mucha incertidumbre.

Una noche, luego de un par de días de dudas, con una tormenta de preguntas debilitantes en mi cabeza, supe que tenía que activarme otra vez, supe que tenía que recuperar mi energía y lo hice al reactivar mis rutinas de las mañanas y concentrándome en las encantaciones. Fue en este viaje que desarrollé mi encantación preferida, mi encantación para despertarme, despertar lo más grande dentro de mí, mi mejor versión.

Al día siguiente, bien temprano, relancé mi hora de poder de la mañana, mi rutina matutina. Hice mis meditaciones, mis respiraciones y luego salí a trotar. Allí, en medio de la naturaleza, del campo, me puse a hacer en inglés las encantaciones de Tony Robbins. Luego de un rato, sin pensar, sin saber por qué, me dejé llevar y me puse a recitar:

"Le pido a mi subconsciente que active
todas y cada una de mis neuronas,
todas y cada una de mis células,
todos y cada uno de mis cuerpos astrales,
todas y cada una de las partes de mi cuerpo
para liberar la mejor versión de mí,
¡la mejor versión de mí!
Dame la energía,
la fuerza, la sabiduría,
el coraje y la confianza
para transformar mi vida,
activar la energía, la sabiduría,
el crecimiento, la fuerza, la valentía,
y poder hacer
que mi vida sea magnífica,
que mi vida sea
una expresión magnífica de mí,
para construir mi legado.
Yo, Carlos Malatesta,
¡decido despertar!
¡Decido despertar!
¡Decido despertar!".

Cuando volví a casa ese día, ya no tenía más dudas. Al entrar, abracé a mi esposa, la miré a los ojos con serenidad y confianza. Desayuné con mis niños y todo resultó en sonrisas y alegría. Mi energía había cambiado completamente. Ya no tenía miedo. Ya no tenía dudas. Ya sabía exactamente lo que había que hacer. Sabía que, sea lo que sea, pase lo que pase, yo tengo dentro de mí los recursos para crecer y que, ese tiempo que iba a pasar en confinamiento, lo iba a transformar en unos de los meses más memorables de mi vida.

Impresionantemente, así fue. Cada día que me levantaba, me iba a correr en la naturaleza. Fue durante el final del invierno, casi por empezar la primavera.

El despertar de la primavera fue un momento maravilloso. Gracias a las encantaciones pude abrirme y disfrutar de ese momento. Mi familia sintió que su líder, el padre, estaba fuerte, el protector estaba activo. Sintieron mi serenidad interior y eso calmó a todos y pasamos dos meses maravillosos, dos meses que siempre voy a recordar, unidos, juntos, jugando con los niños, trabajando en sus actividades escolares, trabajando en mi empresa por las tardes, calentándonos al fuego de leña, tostando malvaviscos en una fogata que hacíamos en el patio, mirando las estrellas y caminando por la naturaleza.

Fue un momento de construcción de nuestros más bellos lazos familiares y, sobre todo, fue un momento que me produjo mucho orgullo como hombre, como padre, por haber podido estar presente, por haber podido estar a la altura de mi familia, por haber podido sacar mi fuerza y activar mi rol de protector de mi familia.

A partir de ese momento, gracias a esa experiencia del poder de las encantaciones, siempre que tengo una reunión importante o tengo un reto notable, cuando voy a dar una conferencia, antes de empezar, siempre utilizo una encantación. Esta práctica me da certitud, fuerza interior, confianza de que el objetivo que voy a buscar va a ser obtenido y me pone en un estado de empoderamiento, de fuerza interior que me permite lograr mis resultados. Permite que cada una de mis manifestaciones tenga un efecto mucho más poderoso, un impacto mucho más fuerte.

Las encantaciones son las herramientas que te permiten conectar con tu subconsciente, que permiten cambiar, liberar, transformar las tensiones y funciones internas de tu cuerpo, de los músculos aquello sobre lo que no tienes control directo como los latidos de tu corazón, el funcionamiento de tus órganos, la tensión natural de los músculos alrededor de tu columna vertebral.

Cuando te estresas, aprietas la barriga de manera inconsciente, en consecuencia, sientes dolor de estómago. Los músculos de la espalda se tensan y eso te produce dolores en esa zona. Tu cuerpo toma una posición que produce emociones diferentes: bajas la cabeza, respiras diferente, con menos intensidad, lo que conlleva a que llegue menos oxígeno a tus células, también cambias tu tono de voz de manera automática. Todo eso está controlado por el subconsciente.

Las encantaciones son un método directo para poder activarlo y cambiar el *mantra* automático que ya tienes programado, el que siempre está hablando en tu cabeza, siempre te está diciendo cosas. ¿Qué cosas te dice? "Tengo miedo y ahora ¿qué va a pasar?", "¡Otra vez me he equivocado, como siempre!", "¡Sabía que no iba a funcionar, no soy suficiente!". "¡Nadie me quiere, no valgo la pena!".

Estas frases destruyen la confianza en ti, destruyen tu fuerza interior. Simplemente no te permiten manifestar tu energía, bloquean la circulación de la misma en tu cuerpo, bloquean el funcionamiento normal de tu organismo, que está construido para ser poderoso, para ser libre, para manifestarse, para fluir.

Todas las manifestaciones inconscientes del organismo, como las fobias, por ejemplo, pueden ser trabajadas gracias a las encantaciones, porque es una manera directa de comunicarse con el subconsciente y cambiar su energía de base.

Es nuestra responsabilidad para desarrollarnos como seres humanos tomar el control de nuestro subconsciente. Durante mucho tiempo yo no sabía cómo hacerlo. Utilizaba solamente la meditación como técnica, pero progresaba muy lentamente. Las encantaciones tienen un efecto complementario a la meditación. Permiten mandar a mi subconsciente mensajes precisos, los que yo escojo. Los repito una y otra vez, una y otra vez, todas las veces que sean necesarias, con la intensidad requerida, con los movimientos de mi cuerpo y las emociones precisas para que mi mensaje entre a lo profundo de mi pensamiento y sea integrado en el subconsciente. Luego, los automatismos de mi ser, los de mi cuerpo, los de mi mente y de mis emociones, marchan en línea con esas nuevas funciones de base, con esa nueva estructura que yo quiero para mí. Quiero despertar. Quiero comprender. Quiero crecer.

Para finalizar este capítulo, te voy a dejar una lista de encantaciones de Tony Robbins para que puedas escoger y utilizar las que tú quieras. Las podrás encontrar en su bibliografía y programas en inglés, que siempre recomiendo vivamente.

¡Cada día, en todo sentido, soy más y más feliz!
"¡Cada día, en todo sentido, soy más y más fuerte!
¡Cada día, en todo sentido, soy más y más sabio!".

Como ves, son frases que puedes coordinar con tu respiración, cuando caminas o corres. Inspira y expira en ritmo de cuatro en cuatro. Durante la expiración dices: "Cada día, en todo sentido", luego, vuelves a inspirar y en la siguiente expiración, terminas: "Soy más y más feliz". Vuelves a inspirar y empiezas otra vez:

"¡Cada día, en todo sentido,
soy más y más feliz!".

Permito a mi cuerpo moverse y sonrío, respiro con fuerza y aprecio lo que existe a mi alrededor. ¿Qué es lo que hay afuera que yo puedo apreciar mientras recito esta encantación?

Lo puedes hacer cuando vas a correr o cuando vas a caminar, o simplemente en tu casa u oficina, sin correr, pero tienes que mover tu cuerpo, dar pasos, afirmar con tus brazos. Puedes darte golpes en el pecho, en la frente, puedes tapotear los distintos chakras, uno a la vez. Tienes que buscar lo que te produzca mejores resultados. Experimenta y busca lo que funciona más para ti, con el nivel de energía que resulta para ti y losabrás, porque te sentirás lleno de vigor.

PASEMOS A LA ACCIÓN

La propuesta de acción de este capítulo es muy sencilla y creo que la vas a disfrutar y la vas a apreciar mucho.

1. Escoge de entre las distintas encantaciones que hemos visto, la que te guste más, una corta como, por ejemplo:

   "¡Cada día, en todo sentido, soy más y más fuerte!
   ¡Cada día, en todo sentido, soy más y más sabio!".

2. Crea tu propia encantación, busca tus objetivos más importantes, lo que realmente tú quieres en la vida ahora mismo y escribe una que te pueda acercar a ese objetivo, que te pueda ayudar a estructurarlo dentro de ti, a arraigarlo en tu subconsciente, hacerlo tuyo. Empieza a hacer

esas encantaciones a diario, durante siete días. Toma cinco minutos, durante tu tiempo de ejercicios, cuando manejes, o en casa. Siempre moviendo tu cuerpo, tus brazos y hablando en voz alta con intensidad. Mantén la práctica siete días seguidos, durante cinco o diez minutos y verás cómo te vas a sentir, la fuerza, la energía y las ganas que tendrás el séptimo día.

Soy más y más felíz.

3. Al final de los siete días, pregúntate a ti mismo: "¿Quiero seguir siete días más?". Y escucha a tu corazón, que te dará siempre la respuesta correcta.

CAPÍTULO III

El poder de la visualización

*Mi método es diferente. No me apresuro al trabajo real.
Cuando tengo una idea nueva, empiezo de inmediato
a construirla en mi imaginación, hago mejoras y opero
el dispositivo en mi mente. Cuando he ido tan lejos
como para incorporar todo en mi invención, cada posible mejora
que se me ocurre, y cuando no veo ninguna falla en ninguna
parte, pongo en forma concreta el producto final de mi cerebro.*

NIKOLA TESLA

Visualizar es otra herramienta de poder. Las visualizaciones consisten en vivir lo que queremos vivir, antes de que suceda. Es ver de manera nítida, certera, detallada, clarísima, exactamente qué es lo que nosotros queremos vivir. Es ver cómo va a ser, con quién estaré, cómo funcionará, cómo lo voy a celebrar, cómo lo voy a vivir.

Las visualizaciones son otras de las herramientas que yo defino como mágicas. ¿Por qué mágicas?, porque logran resultados incomprensibles para la mente lógica y racional. Es difícil para la mente racional comprender cómo funciona este mecanismo, y eso es simplemente porque es una herramienta que trabaja con el subconsciente.

A través de las visualizaciones nos conectamos con nuestra mente subconsciente, que es increíblemente más poderosa que la mente consciente. Su capacidad de procesar información es infinitamente superior y justamente una de sus misiones es filtrar toda la información recibida por los sentidos: la visión, el olfato, el oído, el tacto y el gusto.

Los cinco sentidos conducen constantemente toda la información que percibo a mi alrededor. Mi subconsciente recibe toda esa información, la filtra y presenta al consciente únicamente la parte de esa información que considera importante para la sobrevivencia.

Recordemos que el cerebro reptil está siempre buscando protegerte, está siempre intentando sobrevivir y toma decisiones en función de programas que se han desarrollado dentro de nosotros de manera inconsciente. Desde el momento en que nacemos, durante la infancia principalmente y durante la adolescencia, incluso en momentos de enorme emoción en nuestras vidas, nuestras experiencias nos hacen *decidir* el significado de las situaciones que vivimos, así como la reacción interna apropiada a cada una de ellas. Estas decisiones y reacciones quedan registradas en el subconsciente, listas para ser utilizadas de manera automática cada vez que encuentre una situación similar a la experiencia inicial.

El problema de estos programas es que no están actualizados. Fueron producidos en momentos en que la capacidad de comprensión del mundo era muy limitada, cuando todavía éramos unos niños. Así que los tenemos que reprogramar, tenemos que instalar nuevas versiones actualizadas y más eficaces, que nos permitan producir mejores resultados.

La gran dificultad que encontramos frente a esta tarea es que no sabemos cómo hacerla. Y, ¿cómo puedo hacerlo? ¿Cómo puedo revisar y entender cuáles son mis creencias internas, mis falsas creencias, cuál es la visión de la vida de mi subconsciente?

Me doy cuenta de que mi subconsciente a veces toma decisiones que no corresponden a lo que yo quiero ahora para mi vida.

Siento que me saboteo a mí mismo y que no logro controlar mis emociones ni mis acciones.

EL CICLO DEL ÉXITO

Las visualizaciones nos permiten salir de este círculo vicioso y entrar en uno virtuoso o ciclo del éxito. El ciclo del éxito es una teoría de cómo funcionamos internamente cuando queremos lograr un objetivo.

Observa el diagrama siguiente. Un cuadrado a la izquierda y arriba, con la palabra "Potencial". A la derecha de ese cuadrado hay otro que dice "Acciones". Debajo y a la derecha, un tercero para "Resultados" y, finalmente, debajo del primer cuadrado, tenemos el cuadrado de "Creencias-Actitud". Hay una flecha que va del potencial a las acciones, otra que va de las acciones a resultados, otra que parte desde resultados hasta creencias-actitud y otra que va de creencias-actitud nuevamente hacia el potencial.

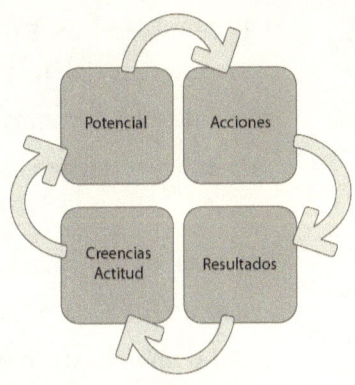

¿Cómo funciona esto? Veámoslo en detalle. Todos nosotros tenemos un potencial, nuestro potencial total como seres humanos o nuestra capacidad máxima para lograr algo, para actuar. Luego, la calidad de mis acciones depende de manera directa del potencial disponible para realizarlas, es decir, a mayor potencial, más y mejores acciones. Así mismo, de la calidad y cantidad de mis acciones, dependerá el resultado obtenido y, finalmente, ese resultado impactará mis creencias o mi actitud, que son los mecanismos que permiten liberar o activar mi potencial.

Ahora, reflexiona la respuesta a la siguiente pregunta: ¿crees que en tu día a día utilizas la totalidad de tu potencial? La gran mayoría de nosotros sabemos que no utilizamos gran parte de nuestro potencial. Sin embargo, aunque no sabemos exactamente cómo tener acceso a esa totalidad, reconocemos que, en ocasiones específicas, cuando nos hemos enfrentado a eventos externos muy difíciles o retos enormes, o en esos días en los que, sin saber bien por qué todo fluye y lo difícil nos resulta fácil, hemos logrado alcanzar resultados extraordinarios. La razón es que hemos logrado activar una parte mayor de nuestro potencial, una capacidad que ni siquiera hubiéramos podido pensar que estaba a nuestro alcance.

> *Todos nosotros tenemos un potencial, nuestro potencial total como seres humanos o nuestra capacidad máxima.*

Hay veces que cuando enfrentas situaciones de vida o muerte, logras ir mucho más allá de lo que creías posible. Una madre o un padre inclusive, cuando su hijo está en riesgo, cuando está frente a una situación súbita de peligro, saca un potencial que arroja un resultado completamente fuera de la escala de lo que es habitual. Todos conocemos la historia de la madre que levantó un automóvil para salvar a su hijo que quedó atrapado debajo del vehículo. ¿Cómo es esto posible? Simplemente porque las acciones que realizamos son consecuencia del potencial que logramos activar en cada momento y nuestro potencial total es inmensamente superior al que utilizamos a diario. De este modo, el secreto de una vida extraordinaria yace en nuestra capacidad para liberar una parte mayor de nuestro potencial total.

Siguiendo con el círculo del éxito, Isaac Newton, en sus principios de la ley del movimiento, nos dice que a cada acción hay una reacción. Nuestras acciones van a producir un resultado y ese resultado siempre es proporcional a la calidad y a la cantidad de acciones que tomamos. Sabemos que la calidad siempre es prioritaria, pero la cantidad también juega un rol importante en esto. En función de la cantidad y la calidad de las acciones que yo tome, voy a tener resultados, y viendo los resultados que ya he tenido, voy a actualizar mis creencias o mi actitud, es decir, yo voy a ver lo que hice, y en función de mi observación, mentalmente me voy a decir algo, de manera consciente o inconsciente. Por ejemplo, si yo pienso que soy muy malo con las computadoras, con esa creencia voy a liberar una cierta cantidad del potencial disponible para realizar una acción con un ordenador. Probablemente, con esa creencia voy a liberar una cantidad de potencial limitado y, con ese potencial, voy a tomar

71

una acción que, efectivamente, será limitada, por consiguiente, esa acción va a producir un resultado en línea con la calidad de la acción.

Yo voy a ver ese resultado mediocre y voy a actualizar mi creencia. Voy a decir: "Efectivamente, mira este resultado. ¿Ves? Soy malo con las computadoras. Nunca se me han dado bien y nunca se me darán bien mis trabajos con el computador".

Yo valido internamente, arraigo y refuerzo una creencia sobre mi capacidad de poder hacer bien las cosas con la computadora y, de este modo, sostengo en el tiempo mis resultados mediocres.

Sin embargo, nosotros sabemos que nuestro potencial es muchísimo más grande. Entonces, ¿puedo hacer más acciones, de mayor calidad y en mayor cantidad? Claro, yo puedo actuar sobre las acciones. Pero esas acciones van a depender del potencial disponible al momento de ejecutarlas. Si yo quiero mejores resultados, necesito mejores acciones. Si quiero mejores acciones, debo entregar un mayor potencial. Y para tener más potencial, para liberar más cantidad y calidad en mi capacidad tengo que cambiar mis creencias.

Necesito unas creencias o una actitud que me produzca más liberación de potencial. Por ejemplo, en el caso de las computadoras, si yo me digo: "No soy bueno con las computadoras, nunca se me han dado y nunca se me darán", como hemos visto, siempre tendré resultados pobres. Pero y si te digo: "¡Oye!,

¿te acuerdas cuando aprendiste a caminar?". "Quizás tenías más o menos un año cuando empezaste o un año y medio, u ocho meses...".

¿Cuánto tiempo te tomó aprender?, ¿sabías caminar antes? ¡No, obvio! ¿Cuántos meses te tomó desde que aprendiste a gatear hasta que caminaste?, ¿cuántas veces fallaste?, ¿cuántas veces te caíste?, ¿cuánta frustración tuviste? Seguramente mucha frustración. Meses, meses y meses. Día tras día de intentarlo y fallar de forma repetida. Imagínate que en ese momento tu cabeza de niño hubiese dicho: "¡Oh, nunca se me ha dado bien caminar! ¡No soy bueno para caminar, no lo soy ahora, ni lo seré jamás!". Y entonces hubieses reducido tu potencial, tu calidad y cantidad de acciones y finalmente hubieras abandonado todo intento de lograrlo. Ridículo, ¿no? Pues hoy en día es exactamente igual.

Los niños tienen intuición, no tienen creencias. Ellos, simplemente por instinto, porque están frescos, porque no tienen una personalidad aún desarrollada, no tienen el impedimento o la creencia de un potencial limitado. Los niños piensan que saben hacer todo bien y si no, que pueden aprenderlo. ¡Y se divierten en el proceso! Quieren, prueban todo, corren, escalan, dibujan y todo es fantástico para ellos. Siguen probando y siguen experimentando y siguen desarrollando capacidades permanentemente.

Lamentablemente, el cerebro del adulto no funciona igual que el cerebro del niño, porque nosotros hemos aprendido y hemos estudiado, tenemos experiencia y, básicamente, lo que poseemos en realidad es una enorme lista de creencias, de actitudes frente a la vida. Estas creencias en algunos casos nos ayudan muchísimo cuando son poderosas, cuando son creencias que nos empoderan, que nos dan fuerza, que nos dan vitalidad, que nos dan certitud de que vamos a lograr lo que queremos, de que la vida es como nosotros soñamos.

Pero en otros casos, cuando las creencias son negativas, nos quitan fuerza y nos impiden tomar la totalidad de nuestro potencial para producir acciones de muchísima más calidad y en mayor cantidad.

Tenemos entonces la responsabilidad con nosotros mismos de limpiarlas, actualizarlas, poner al día estos programas. ¿Cuál es el problema? Que los programas están en el subconsciente, no están en la cabeza, y el subconsciente forma parte del reino de lo desconocido para nosotros.

Me puedes decir: "Oye, tienes razón, Carlos, voy a cambiar este programa ahora mismo. Desde ahora en adelante voy a decir que soy bueno con las computadoras y entonces voy a liberar un poquito más de potencial. Voy a empezar a tomar acciones, voy a tener un poquito de mejora". En función de la fuerza de tu decisión, podrás crear *momentum* y entrar en una dinámica positiva, o quizás, viendo que los resultados no son tan buenos como te esperabas, volverás otra vez al punto de partida.

74

Entonces, si no logro crear una decisión suficientemente fuerte, ¿cuál es la estrategia que me permitirá cambiar esas creencias de manera profunda y buscar mi potencial total?

Les cuento una historia: mi mamá es justamente una de estas personas que piensan que no es buena con la tecnología, que no entiende su teléfono, que no sabe cómo usar las computadoras. Ella lo dice y lo repite una y otra vez como un *mantra,* como una encantación de las que hablamos en este libro.

Y efectivamente, el potencial que activa es poco. En consecuencia, sus resultados, sus acciones, son mediocres y ella valida su creencia de que no es buena. A mí lo que me resulta muy interesante es haberla visto por años frente a sus limitaciones con la tecnología. Cuando yo intentaba explicarle y le decía: "Mamá, ven acá, mira, yo te enseño. Es sencillo, mira, solamente te pones aquí y haces esto y esto, funciona, ¿ves?".

Yo le explicaba y veía que mi madre no me prestaba atención. Ella miraba hacia otro lado, me decía: "*Okey, okey*, mira, no me interesa. Házmelo tú. Yo no soy buena para eso, no me intentes explicar, no pierdas tu tiempo". Y se cerraba y no prestaba atención, algo dentro de ella no quería o no creía. De manera inconsciente, evidentemente, un automatismo le impedía prestar atención y, como consecuencia, aprender.

Mi madre es una mujer muy inteligente que ha desarrollado muchísimas capacidades y talentos a lo largo de su vida, cosas que otras personas jamás hubiesen soñado lograr. Ella posee una enorme sensibilidad, pero tiene esta creencia profunda, arraigada, de que ella no es buena con la tecnología. Imagínense qué pasó. El tiempo continuó con su paso y los hijos se fueron yendo de casa, y no solamente de casa, se fueron yendo del país, cada uno siguió con su camino de vida y cada uno terminó viviendo en un país distinto.

Nosotros somos cuatro hermanos, tres del matrimonio de mis padres y una cuarta del segundo matrimonio de mi papá, y todos vivimos en países diferentes. Es algo interesante de nuestra historia familiar. Entonces, mi madre se quedó sola en casa y ya no tenía a Carlos, o a mi hermano, o a mi hermana para hacerle las cosas con la tecnología. Ella empezó a buscar ayuda afuera, ayuda que le costaba dinero. Y, poco a poco, frente al dolor de tener que pagar y a sus ganas de estar en contacto con sus hijos y nietos, se vio forzada a aprender. Todavía sigue con esa creencia, pero ha aprendido un montón de cosas, sabe utilizar su computadora, tiene un iPad, tiene un teléfono móvil, utiliza WhatsApp, manda *e-mails*, toma fotos y videos con su teléfono móvil, los manda por WhatsApp, hace un montón de cosas que antes creía imposible poder hacer. Simplemente se cerraba y pensaba que era imposible hacerlo.

Al día de hoy, todavía piensa que fue por casualidad, que ella en realidad no es buena con la tecnología y sigue con esa creencia profundamente arraigada. Yo sé que, frente a la perspectiva de no poder comunicarse con sus adorados hijos y nietos, tuvo un cambio de actitud. Se dijo: "Sea como sea, tengo que estar cerca de ellos". Esa decisión poderosa e irrefutable le permitió, de manera inconsciente, activar más potencial y, en consecuencia, ser capaz de realizar más y mejores acciones.

¿Y cómo hacemos para activar nuestro potencial día a día, sin esperar a que un evento externo nos obligue a hacerlo? A través de las visualizaciones. Las visualizaciones me permiten actuar sobre mis creencias y mi actitud, y así liberar más y más potencial, tener acciones de mejor calidad para, finalmente, alcanzar resultados de mejor calidad. Esos resultados de mejor calidad me hacen entrar en una espiral positiva de crecimiento, porque veo mejores resultados y valido mis creencias de que sí puedo, y de que estoy yendo hacia más. Por tanto, sigo trabajando y sigo liberando más potencial, mejores acciones, mejores resultados y voy en una espiral ascendente de crecimiento. Eso es lo que vamos a buscar, esa espiral ascendente.

¿Cómo realizo las visualizaciones? Muy sencillo. Te sientas serenamente, respiras, cierras los ojos en un momento tranquilo, no te preocupes, no vas a hacer una meditación profunda, te va a tomar treinta segundos. Es muy rápido y el efecto que tiene es espectacular, completamente desproporcionado con el esfuerzo invertido. Entonces, vas a visualizar el resultado deseado, no el resultado que tienes ahora, sino el que tú quieres obtener.

Si quiero ser feliz, me visualizo a mí mismo riendo feliz. Visualizo cómo sería mi vida si yo fuera feliz, cómo viviría cada día si yo tuviera la felicidad garantizada, cómo me levantaría por la mañana, cómo hablaría con mi esposa, con mis hijos, cómo me vestiría, qué comería, cuáles serían mis acciones, en qué trabajaría. Me visualizo, me imagino viviendo el resultado que yo quiero, de la manera más nítida y real posible.

Vamos a ver una cosa fantástica de nuestro cerebro, una cosa fabulosa que hay en él. Nuestro cerebro no es capaz de discernir lo que imaginamos de manera vívida, de lo que absorbe a través de los cinco sentidos. Para él no hay diferencia entre lo que visualizas y lo que percibes a través de los sentidos, es decir, la imaginación vívida y los sentidos pasan físicamente por el mismo camino. Se unen en un momento en la tubería cerebral y esas imágenes, esas, que estoy visualizando o imaginando, mi cerebro no es capaz de discernirlas de aquellas que vienen de mis cinco sentidos. El cerebro no ve la diferencia entre lo que es verdad y lo que yo me imaginé.

Si quiero ser feliz, me visualizo a mí mismo riendo feliz. Visualizo cómo sería mi vida si yo fuera feliz, cómo viviría cada día si yo tuviera la felicidad garantizada.

De este modo, nosotros podemos hacerle creer a nuestro cerebro que esos resultados que queremos, que estamos visualizando, ya existen, ya pasaron, ya están ahí. Y entonces, como consecuencia, nuestro cerebro va a decir: ¡Ah, entonces yo sí puedo hacer esto!, y va automáticamente a liberar una cantidad de potencial superior que nos permitirá mejores acciones, mejores resultados y una validación externa de lo que hemos visualizado. No me crees, ¿verdad? Soy capaz de leer tu mente.

Sé que no me crees en este momento, o al menos tienes una duda. ¡Vamos a probarlo! El ejercicio es el siguiente: cierra los ojos y vas a visualizarte sentado en tu cocina, en una silla, frente a una mesa. Tomas un cuchillo y un limón. Cortas el limón con el cuchillo, siente el limón en tu mano, ¿ves su color?

Córtalo con el cuchillo, ve cómo atraviesa la piel del limón y cómo hay un poco de jugo que sale. Mira el jugo. Toma la mitad del limón y acércalo a tu nariz, huélelo profundamente. Siente el olor del limón que entra por tus fosas nasales, tus senos paranasales, hasta que ese aire y ese aroma lleguen a tus pulmones. ¿Y ahora? Visualízate, imagínate a ti mismo levantando la cabeza, abriendo la boca y ese medio limón que tienes en la mano exprímelo y siente las gotas de su jugo entrando en tu boca. Ahora muérdelo y siente todo el sabor del limón en tu lengua.

¿Lo sientes en ese momento? Quédate sintiendo por un instante y luego abre los ojos. ¿Qué ha pasado? Estás salivando, has tenido sensaciones, una respuesta física concreta y real sobre algo que no ha sucedido. Acabas de tener una reacción. La reacción que hubieses tenido si realmente hubieras mordido ese limón sin tener ni siquiera un limón cerca de ti ahora mismo.

CARLOS MALATESTA | ¡FELIZ!

¿Por qué? Porque el cerebro no sabe reconocer la diferencia entre lo real con lo que imaginas de manera vívida.

Y esa es la clave, visualizar en mi cerebro de manera vívida lo que quiero. Gracias a esta, digamos, particularidad en nuestro cerebro, nosotros podemos tener los resultados que queremos o al menos hacer creer a nuestro cerebro que esos resultados están ahí, simplemente para que libere el potencial correspondiente. Es como magia, pero en realidad no es magia, porque el potencial que libero ya lo tengo ahí, siempre ha estado dentro de mí.

No estoy creando un nuevo potencial, simplemente estoy utilizando una estrategia que me permite entrar profundamente dentro de mi subconsciente para poder liberar el poder inherente que ya tengo. Este ejercicio es muy interesante, meramente prueba que el cerebro no se da cuenta y lanza una respuesta correspondiente a lo que he imaginado como si hubiera ocurrido en realidad.

¿Cómo puedo probar que el ciclo del éxito, este círculo ascendente, es cierto y funciona?

Pues hagamos otro ejercicio. Esta vez te voy a pedir que te pongas de pie, con los pies en paralelo, uno al lado del otro, al ancho de tu espalda. Vas a estirar la mano derecha en frente de ti y señalar con tu dedo índice. Sube el brazo de manera horizontal, paralelo al suelo. Vas a rotar tu torso hacia la derecha sin mover las rodillas, dejando tu cadera y tus piernas inmóviles.

Vas a girar tu cintura hacia atrás, manteniendo el brazo paralelo al suelo, y vas a tratar de llevar el dedo lo más lejos que puedas y mira hacia donde señale, la pared, o lo que tengas detrás de ti. ¿Hasta dónde llegó tu dedo? *Okey.* Eso es lo que ahora mismo tú eres capaz de hacer. Ese es el resultado real. Ahora vamos a cerrar los ojos y visualizar de manera nítida, vívida nuestro dedo. Exactamente la misma posición, el brazo derecho paralelo al suelo y el dedo índice extendido y vamos a hacer el mismo movimiento, pero esta vez vamos a girar más. Hagamos el doble de lo que logramos la primera vez. Vas a llegar a 180º justo detrás de ti y vas a avanzar todavía un poco más. Imagina ahora que vuelves a la posición inicial y vuelves a levantar el dedo y ahora vas a hacer tres cuartos de vuelta, tu hombro derecho se va a poner en la posición de tu hombro izquierdo. Vas a hacer 270º grados de rotación. Y ahora imagina que bajas los brazos y lo vas a hacer una tercera vez. Y esta tercera vez vas a dar la vuelta entera, 360°. Tu brazo va a poder girar completamente alrededor de ti. Va a volver hacia adelante, retorciéndote como el hombre plástico. Esto lo vas a hacer de manera sencilla, sin ningún dolor, sin ninguna fuerza. Simplemente tú sabes que lo puedes hacer y lo haces. Eres elástico. Tu cuerpo es elástico.

¿Okey? Ahora abre los ojos, los pies en el mismo sitio, levanta tu brazo derecho y gira hasta donde puedas llegar. ¿Sorprendido? En general, nosotros, todos nosotros, podemos llegar a hacer 30 %, 50 % más de lo que hicimos la primera vez. Gracias a este ejercicio, como ya lo habíamos hecho antes, el cuerpo sabe que lo puede hacer y cambia tu creencia de a dónde puedes llegar.

La primera vez, cuando hice ese movimiento, me dije: "Bueno, ya, hasta aquí, es bastante", de manera inconsciente y ni siquiera me di cuenta. Pero inconscientemente decía: "¡Oye, cuidado, no puedes ir tan lejos!", "¡Puedes lesionarte la columna, ten cuidado!".

La segunda vez, como le había mostrado a mi cuerpo que podía ir muchísimo más lejos en la visualización, pude liberar más potencial, lo que me permitió tomar una acción de mejor calidad y tener un resultado mejor. Esto lo puedes hacer en todas las categorías de tu vida, en todas las áreas de tu vida, para todo tipo de cosas, antes de un examen, te puedes visualizar sacando la nota que quieres.

Lo puedes hacer antes de una entrevista de trabajo, te puedes visualizar cuando te llaman de la empresa para darte la buena noticia, cuando estás firmando tu contrato y le das un buen apretón de mano a la persona que te contrató.

Lo puedes hacer antes de una negociación, te puedes visualizar celebrando que has logrado la firma de ese contrato, que has logrado la negociación que tú querías, el objetivo que tú querías, que estuviste estupendo en los momentos más críticos y tus colegas te felicitan. Antes de correr un maratón, puedes visualizarte, llegando a la meta y celebrando, sintiéndote fuerte y sano.

Todas las cosas que quieras lograr se transforman en posibles para tu mente y tu cuerpo, gracias al círculo del éxito. Gracias a esta estrategia que te permite cambiar las creencias, para poder liberar más de tu potencial. Ya habíamos todos aceptado que tenemos un potencial muchísimo más grande del que utilizamos al día de hoy. Así que explóralo y vive la fantástica aventura de descubrir hasta dónde puedes llegar.

El hecho de visualizar ¿me garantiza que voy a tener exactamente lo que visualicé? Evidentemente que no, claro que no, pero sí te garantiza que vas a poder lograr muchísimo más de lo que podías antes de visualizar. Hay muchísimo más disponible para ti de lo que estás logrando hoy. Y mientras más visualizas, mejor y más potencia liberas.

Si hago un ejercicio de visualización una vez, durante cinco segundos, voy a tener un resultado mejor, comparado con ese resultado sin visualización. Pero si hago cinco minutos de visualización al día, durante un año entero, es decir, 365 visualizaciones de cinco minutos, el resultado va a ser infinitamente mayor.

Mientras más lo trabajo, más modifico el programa interno y más ajusto mis creencias internas para que correspondan a lo que yo quiero. La repetición es la madre del éxito, es la madre del talento. Los grandes pianistas, salvo rarísimas excepciones, como Elton John, quien sabía tocar el piano sin jamás haber tomado una lección, se construyeron practicando y practicando, practicando y practicando. Inclusive, Elton John, que sabía tocar algunas melodías de oído, sin haber tenido jamás una clase, a medida que fue practicando, que tocaba, y que repetía y

83

repetía, elevó su nivel a lo que todos conocemos al día de hoy. Es una herramienta muy poderosa, casi mágica.

Gracias a una pequeña visualización de treinta segundos o de cinco minutos que repito y repito, que puedo utilizar cuando quiera, puedo mejorar de manera significativa la calidad de mi vida. Puedo concentrar toda mi energía en una sola cosa, en ese objetivo único, específico que yo quiero, o puedo trabajar un grupo de objetivos y hacer tres visualizaciones al día, e invertir un minuto por cada cosa. O puedo también, una semana antes de cada evento importante, trabajar mis visualizaciones con anticipación. Todo es posible.

Es una herramienta que está ahora mismo a tu disposición. Esta herramienta es poderosa y, para no decepcionar a los que les gustaba la idea de que era mágica, les voy a mostrar que puede hacer cosas realmente fascinantes. Les voy a presentar un último ejercicio para que puedan integrar de manera profunda y disfrutar del poder magnífico de las visualizaciones.

PASEMOS A LA ACCIÓN

Esta es la propuesta de acción que tienes para el final de este capítulo.

1. Lo primero que quiero es que escojas una, dos, o máximo tres áreas en tu vida, en las que vas a probar las visualizaciones y que te hagas un plan de trabajo que decidas ahora, ya mismo. Quiero que escribas sobre este libro, en el espacio

previsto a continuación, qué vas a visualizar, con qué frecuencia, cuántas veces a la semana, qué días, a qué hora,
cuánto tiempo y cuáles son los temas.

Puede ser uno solo, dos o máximo tres, porque quiero que uti-
lices el poder de la concentración, quiero que sepas escoger las
cosas que son realmente importantes para ti.

Visualización 1:

Frecuencia:

Duración:

_____

_____

_____

_____

_____

_____

_____

_____

_____

Visualización 2:

Frecuencia:

Duración:

_____

_____

_____

_____

_____

_____

_____

_____

Visualización 3:

Frecuencia:

Duración:

_____

_____

_____

_____

_____

_____

_____

_____

_____

_____

2. La segunda acción es un ejercicio. Este ejercicio lo puedes ir a buscar, en mi página de YouTube: Carlos Malatesta. O puedes simplemente hacerlo en tu cabeza, siguiendo las instrucciones que te describo a continuación.

Busca un momento tranquilo, donde nadie te moleste, donde puedas tomar cinco o diez minutos para ti. Búscate una habitación tranquila. Baja un poco la luz, si puedes, cierra las cortinas porque vas a cerrar los ojos y no quiero que tengas demasiada luz del exterior, así entrarás en una concentración más profunda contigo mismo.

Puedes empezar sentado, con los ojos cerrados. Empieza a respirar profundamente. Inspira. Toma un pequeño momento de pausa después de la inspiración y expira. Mantén esta respiración activa unos treinta segundos, tal vez un minuto, intentando alargar la inspiración y expiración de manera natural, sin forzar. Inspirando y expirando con la misma duración.

Ahora céntrate en tu cuerpo, permite que tus ideas se calmen, intenta no aferrarte a ellas, sin intentar eliminarlas. Tus pensamientos vienen y se van. Los dejas irse sin aferrarte a ellos, sin prestar excesiva atención.

Tu atención está sobre tu respiración y sobre tu cuerpo, con los ojos cerrados. Ahora, te vas a visualizar dentro de veinte años. Vas a visualizar la persona que quieres ser dentro de veinte años. La persona que sueñas ser dentro de veinte años. ¿Cómo es esa persona?, ¿eres el mismo dentro de veinte años?, ¿cómo está vestido ese otro tú? Su rostro, ¿cómo es?, ¿qué mirada tiene?, ¿cómo son sus movimientos?, ¿cómo te mira?

¡Está frente a ti! Esta persona que tú quieres ser dentro de veinte años. Lo miras. Te devuelve la mirada. Ve cómo te sonríe. Sostén su mirada, te está viendo directamente a los ojos y te sonríe. ¿Cuál es su expresión?, ¿cómo está vestido? Trata de visualizar a esa persona de manera nítida, como en un video en colores, con movimientos, con sonidos, añade aromas.

Sigue visualizándolo de manera más y más nítida. La persona que siempre has soñado ser. La persona que sueñas ser dentro de veinte años. Esa persona te mira. Y en un momento, te dirá una cosa. Cuando estés completamente conectado con esta persona, acércate a tu yo, te va a dar un consejo, te va a decir algo.

¿Qué te dice, qué es lo que te dice esa persona?, ¿cuál es el mensaje que tiene tu yo del futuro para ti? Recibe ese mensaje dentro de tu corazón. Siente que llega dentro de ti. Siente el resonar de ese mensaje dentro de ti. No lo cuestiones.

La primera cosa que te dice es la que vas a recibir. No vas a dejar que tu mente juzgue tu mensaje y que diga que no, que ese no es el mensaje, que debe ser otro. ¡No!, el mensaje que te ha dado es el primero. Ese es el mensaje que tienes que escuchar, el mensaje que está destinado para ti y es el mensaje que tienes que guardar. Con ese mensaje dentro de tu corazón, con mucho cuidado, abre los ojos y ponte de pie.

Una vez de pie y bien estable, los vuelves a cerrar. Y ve otra vez a tu yo, el yo que siempre has soñado ser, con todas las cualidades que quieres, con toda la fuerza que quieres tener, con la sensibilidad que quieres tener, con los éxitos que quieres tener, rodeado de las personas que quieres tener a tu lado. Lo ves frente a ti, apenas a un paso de distancia. Vas a tomar el mensaje que te dio y lo guardarás dentro de tu corazón presente y activo, viendo a esa persona que quieres ser.

Ahora prepárate. A la cuenta de tres darás un paso al frente y te integrarás a tu yo del futuro. A la una, a las dos ¡y a las tres! Das un paso al frente y entras dentro de tu yo del futuro, te transformas en tu yo del futuro, lo sientes dentro de ti, con su fuerza, con su sabiduría, con sus conocimientos. Con su alegría. Eres esa persona.

Durante el tiempo que te parezca natural, que se sienta natural, siente, disfruta de este momento. Y ahora abre la boca y deja salir un sonido. Expresa el sonido de lo que estás sintiendo, el sonido de lo que significa ser esa persona que siempre has soñado ser y que te dice: "Oye, sientes toda esa fuerza dentro de mi corazón".

Abre la boca y deja salir ese grito, ese sonido, ese canto, expresa quién eres, la celebración hecha sonido de lo que eres, mueve tu cuerpo y celebra, festeja este canto de la manera como lo sientas, al natural, de la manera que te venga, de manera fluida.

¡Eres tú, ya eres esa persona!

CAPÍTULO IV

Las meditaciones

*La respiración consciente nos permite ver con claridad
que el abuso, las amenazas y el dolor que tuvimos que soportar
en el pasado no están sucediendo ahora
y que podemos permanecer a salvo en el presente.*

*Al respirar conscientemente, sabemos que los acontecimientos que
se desarrollan en esas películas mentales no son reales, y el mero
hecho de recordarlo desactiva su poder para dirigirnos.*

THICH NHẤT HẠNH

La práctica de las meditaciones a lo largo de mi vida me ha aportado mucho valor y mucho crecimiento. Es muy difícil explicar lo que significa meditar por todas las sensaciones y emociones que puedo desarrollar en cada sesión, pero para no hacerlo tan difícil de entender, podría decir que la meditación es el contacto contigo mismo, con tu esencia, con lo que eres profundamente.

Es un contacto directo con el ser que has sido desde el día en que naciste, antes de que la personalidad y las condiciones externas de la vida te llenaran de hábitos, de prejuicios, de falsas creencias, de reacciones automáticas.

La meditación produce serenidad, una calma interior que hace que la vida parezca distinta. Como una especie de desapego de lo exterior, donde lo exterior sigue estando ahí presente, tanto lo bueno como lo malo, pero la posición frente a ese escenario es distinta, más desarraigada. Luego de cada sesión de meditación percibo el mundo como una experiencia, y las emociones negativas, las reacciones causadas por una situación difícil en el exterior, tienen un impacto menor dentro de mí.

Esta práctica se ha vuelto indispensable para mí, para poder crecer como ser humano, porque me hace crecer desde la esencia, hace crecer mi alma, hace crecer lo que va a perdurar más allá de la muerte, lo que yo era antes de haber nacido.

Mi adolescencia fue la época en mi vida en la que tuve menos confianza en mí, donde realmente me sentía inferior a los demás y, a la misma vez, me sentía superior a otros. Sentía que yo no tenía derecho a ser amigo de ciertas personas que, según mi comprensión de los estándares sociales, yo consideraba mejores que yo, como las personas populares o la gente *cool,* y a la misma vez, denigraba y despreciaba personas que, según mi perspectiva, estaban por debajo de mí en esa escalera de popularidad.

Los años del liceo fueron años de mucho sufrimiento, en los que tuve diálogos internos muy negativos, que me robaban fuerza, que me robaban poder, dejándome ante la vida en un estado muy débil, con el que efectivamente reforzaba mi falsa creencia de que yo era una persona sin valor.

Graduarme de bachiller y entrar en la universidad tampoco cambió las cosas. A los dieciocho o diecinueve años me sentía perdido. Luego de un año en la universidad, "decidí" abandonar los estudios. En realidad, me retiré justo antes de que pudieran expulsarme por bajo rendimiento. De vuelta en casa pasaba mi tiempo durmiendo, o en la calle tomando licor. Ante esa perspectiva, mi madre, siempre con su sensibilidad y su intuición magnífica, actuó. Sabía que tenía que hacer algo y me dijo:

—No vives más conmigo, te vas a vivir con tu padre.

Mi padre vivía en Valencia, una ciudad ubicada en el centro de Venezuela, en un pequeño apartamento en el centro de la ciudad, encima del antiguo gabinete de abogados de mi abuelo y que mi papá, en ese momento de su vida, ocupó como vivienda principal.

Yo me fui a vivir ahí y pasé un año y medio viviendo con mi papá. Como su casa estaba ubicada en una zona comercial, muy poca gente habitaba allí. No había ningún joven alrededor con quien hacer amistad, no había ni vecinos. Fue un momento de gran soledad.

Mi padre, durante ese año, me dio uno de los más grandes regalos de la vida, me encendió la llama de la lectura y la meditación. Al verme siempre tan melancólico, sombrío y abatido, empezó a proponerme cosas para leer. Me hizo leer un libro llamado *Los vagabundos del Dharma*, de Jack Kerouac. Fue un gran descubrimiento pues, entre sus páginas encontré el poder de la meditación.

Enseguida me identifiqué con las aventuras del personaje principal, Ray Smith. Un joven que se iba de fiesta y bebía alcohol como yo lo hacía, aunque él luego se iba a la montaña a meditar. Ray tenía un gran amigo, Japhy Ryder, que era fanático y admirador de la cultura japonesa y de su búsqueda por el zen, por la concentración y la meditación. Japhy era extrovertido y tenía mucho éxito con las chicas, mientras que Ray, al igual que yo, padecía de una fuerte timidez. Tenía mucha dificultad para las relaciones sociales, sufría de inseguridad y falta de confianza y un pánico para relacionarse con el sexo opuesto.

Me identifiqué mucho con él y empecé a hacer lo que él hacía, a meditar. Empecé con cinco minutos, luego diez. Mi papá, quien también practicaba regularmente la meditación, alimentaba sin presionarme ese apetito, ese entusiasmo, esa energía, ese dinamismo para construirlo como un hábito en mí. Sin dudas, fue un tiempo memorable que pasé con él y que valoro con mucho amor, como una de las épocas más formadoras de mi vida.

Recuerdo un día en el que me llevó en carro a las afueras de la ciudad. Recorrimos una hora, o quizás hora y media de carretera y nos paramos en el medio de la nada, en un sitio apartado, en medio de la naturaleza. Estacionamos el carro y nos fuimos caminando por un sendero, hasta llegar a una especie de sabana o más bien una tundra.

Subimos una pequeña meseta y nos sentamos ahí, en un sitio aislado de todo, debajo de un único árbol, a meditar. Ese despertar de la meditación me permitió conectarme otra vez conmigo y empecé a recorrer un camino que había dentro de mí.

Sin darles importancia a mis manifestaciones externas, independientemente de lo que podía lograr o no en el exterior, sentí que dentro de mí había algo precioso, que había algo de valor inestimable, descubrí que dentro de mí había un pedazo de universo, la vida dentro de mí, una molécula de Dios, siempre disponible para mí cuando lo deseara. Ese año fue el principio del cambio en mi vida, la primera gran etapa, el primer gran paso hacia adelante.

Recuerdo que unos años después, en un reencuentro con mis amigos del liceo, boquiabiertos y sorprendidos, me decían que había cambiado completamente, que no era la misma persona. Se sorprendieron al ver a este nuevo Carlos, que en realidad no era nuevo, era el mismo de siempre, pero con más confianza en sí mismo; con una concepción más profunda de la vida, con una especie de sabiduría aprendida a través del sufrimiento y a través de la meditación; alimentada, desarrollada, por la práctica y por las lecturas de libros de George Gurdjieff, del Don Juan de Carlos Castaneda, de Jack Kerouac y de grandes clásicos de la literatura. Todo eso bien condimentado por el *rock* de Janis Joplin, The Doors o Soda Stereo, así como por la música clásica de Erik Satie o Vivaldi.

Ese año de meditación e introspección, me dio la fuerza para hacer mis estudios universitarios y tuve el orgullo de graduarme con honores, el primero de mi clase.

Todo eso hubiese sido imposible sin esta práctica meditativa. Si bien hubo varios factores que influyeron en ese despertar, que me provocaron un hambre por vivir, por lograr, por conquistar, por avanzar, sé que uno de los elementos principales fue justamente ese descubrimiento de esa semilla, de ese polvo de universo, de esa molécula de lo más grande que vive dentro de mí, que me hace inherentemente valioso y que me hace saber con certitud, que dentro de mí hay algo de valor infinito, como lo hay en cada uno de ustedes y dentro de cada uno de los seres humanos: el enorme y maravilloso valor de la vida.

Por esta experiencia, es casi una obligación para mí compartir y hablar con ustedes sobre la importancia infinita de la meditación. Lo pueden llamar también oración o un momento de recogimiento, un momento en el que sentimos el cuerpo, volvemos a la esencia y escuchamos al subconsciente, escuchamos lo que nuestro cuerpo tiene para decirnos, ese mensaje y en el que alineamos el consciente con el subconsciente como una entidad única.

Yo sé que muchas personas han intentado meditar sin lograr estabilizar una práctica cotidiana. Algunos dicen cosas como, por ejemplo: "Me siento y me aburro y no sé qué hacer" o "Mi cabeza me cuenta historias, me empiezo a poner nervioso y finalmente, me paro y me voy". Dicen que les duele la columna, o les duele el cuerpo, que es incómodo o, simplemente no entienden para qué sirve.

La impaciencia de quien se sienta con los ojos cerrados e intenta calmarse, es una de las grandes barreras o la principal barrera de la meditación. Cuando empiezan a sentir su cuerpo, hay una especie de nerviosismo, de miedo, quizás. Los nervios, finalmente, solo son miedo. La impaciencia, no es más que miedo.

La pregunta que hay que hacerse al iniciar por primera vez la meditación es: ¿por qué te sientes impaciente?, ¿qué va a pasar si te quedas ahí sentado, escuchando?, ¿qué es lo que tienes miedo de escuchar? Yo creo que esa pregunta cambia todo.

¿Por qué no puedo dedicar diez minutos de las veinticuatro horas de este día, a la meditación?, ¿o al menos cinco minutos para escuchar? Simplemente te aburres y entonces surge una rebeldía. Pero ¿cuál es el problema? ¿No me puedo aburrir durante cinco minutos?, ¿por qué necesito incesantemente estar distraído?, ¿qué es lo que hay detrás de esa necesidad de distracción continua?

Detrás de esa necesidad de distracción hay una especie de miedo a escuchar esos viejos secretos escondidos profundamente dentro de mí, ciertos sufrimientos antiguos, que quizás vienen de momentos difíciles que he vivido en la infancia. Vivencias que viví de niño y que percibí con mi mente de niño, con la capacidad reducida de análisis de un córtex todavía inmaduro, sin suficiente información sobre cómo funcionan nuestra cultura y nuestra sociedad.

Los niños pequeños para sobrevivir dependen de los adultos. Sin los cuidados del adulto, el niño muere, pues no tiene la capacidad de sobrevivir por sí mismo y los niños, instintivamente lo saben. Cuando un bebé llora, sabe que no tiene la capacidad de buscarse el alimento. Si sus padres no reaccionan ante ese llanto, el bebé cree que va a morir. Si dejamos llorar a un bebé por las noches, con el paso de los días, llega un momento en el que ya no llora más para dormirse. Los padres se alegran pensando que han ayudado al niño a dormir mejor. Sin embargo, el niño no llora más pues ha perdido la esperanza de que sus padres vengan a acompañarlo. Esa pérdida de esperanza es una herida profunda en su psique, que más tarde en su vida quizás

99

podrá manifestarse como un miedo inconsciente e incomprensible para la persona ahora adulta.

En algunos casos, durante la meditación, ciertas personas podrían sentir miedo de escuchar lo que hay dentro de ellos porque podría haber recuerdos de cosas verdaderamente malas que les sucedieron, que aceptaron como negativas en sus vidas y que no quieren recordar.

Nuestro subconsciente nos protege. De manera automática, nuestro cerebro milenario, prehistórico, el cerebro reptil, intenta resguardarnos con mecanismos que se produjeron, que se crearon cuando éramos niños, bebés quizás, y que ahora, puede que estén desactualizados.

Posiblemente cuando éramos niños teníamos miedo de quedarnos solos en la oscuridad, teníamos miedo de que nuestros padres pudieran hacernos daño o que nos fueran a abandonar y, de alguna manera, nuestro subconsciente creó mecanismos automáticos para protegernos de esas situaciones, de esas posibilidades, tal vez infundadas, que aceptamos como una realidad, aunque no lo fueran, o de momentos de sufrimiento real que hemos vivido, cosas graves como violaciones, maltratos, abandono, hambre, enfermedad.

El cerebro nos protege de eso, lo esconde y hace que lo olvidemos, porque es muy doloroso y evita que lo volvamos a vivir. Pero ahora ya somos grandes, somos adultos y fuertes, ahora entendemos, comprendemos y, a diferencia de cuando éramos niños, tenemos la capacidad de actuar para cambiar o influenciar una situación que no nos conviene. Sin embargo, el miedo es el miedo del niño, no es el miedo del adulto, es un miedo irracional e inconsciente.

Con la meditación podemos enfrentar el miedo de vivir una vez más ese sufrimiento, un sufrimiento que hoy en día no es tan grande como fue en aquel entonces, aunque internamente nos siga pareciendo enorme, ya no lo es. No es tan grande porque nosotros crecimos y el miedo quedó del mismo tamaño. Esa es la clave para poder vencerlo, comprender que es un miedo de niño, dejar de verlo con ojos de niño y acercarse a él con nuestro tamaño actual y mirarlo hacia abajo, chiquitico.

Hagamos este ejercicio: siéntate y endereza un poco tu columna vertebral. Pon tus manos en tu corazón y respira dentro de él, infla tus pulmones dentro de tu pecho. Con las dos manos sobre el corazón, respira profundamente, siente sus latidos.

Siente la sangre que entra y sale de tu corazón, su fuerza, su potencia. Es un regalo de la vida. No has tenido que trabajar para tenerlo. Algo o alguien pensó que eras suficientemente valioso para tener ese corazón, es un regalo.

Siente agradecimiento por tu corazón, respira profundamente en él, con ese sentimiento de gratitud y piensa en un momento de amor que has vivido en tu vida, un momento en donde te sentiste profundamente amado. Un momento en el que tú diste amor, un amor que fluía con fuerza desde tu corazón. Siente ese momento, en el que tu corazón vibró. ¿Cómo fue ese momento?, ¿con quién lo viviste?, ¿qué perfume había en el ambiente?, ¿cuáles eran los colores?, ¿qué dijiste en ese momento?

Vive ese hermoso momento, ¿lo ves frente a ti?, ¿lo visualizas como en una pantalla de televisión? Estás ahí, sintiendo amor, dando amor, recibiendo amor.

Míralo bien y ahora estira las manos, agarra esa pantalla que recrea ese momento. Agárralo fuerte y mételo dentro de tu corazón y siéntelo dentro de ti, es parte de ti, ¡vívelo!

Piensa ahora en un momento en el que fuiste muy feliz, uno en el que reías a carcajadas, un momento de felicidad o de risa. Visualiza esa pantalla, frente a ti. En ese momento ¿con quién estabas?, ¿qué fue lo que dijeron?, ¿qué fue lo que sucedió?, ¿qué te dio tanta risa?, ¿qué fue lo que pasó?, ¿qué te hizo sentir tanta felicidad? ¡Vívelo, siéntelo!

¿Qué dijeron?, ¿qué dijiste tú?, ¿cómo te reías? Visualízalo de forma nítida, en colores, como un video, como una película que se proyecta frente a ti.

Ahora, vuelve a estirar las manos, agárralo fuerte y mételo dentro de tu corazón. Ve a buscar un tercer momento, quizás un momento *sexy*, en el que estabas con tu pareja, viviendo algo agradable, viviendo algo que te gustaba.

¿Cómo fue?, ¿cómo lo viviste?, ¿qué sensaciones tenías en tu cuerpo en ese momento?, ¿puedes sentirlas ahora mismo una vez más? Visualiza ese momento, disfrútalo, huélelo, siéntelo y estira otra vez la mano. Agárralo fuerte y mételo dentro de tu corazón.

Con las dos manos en tu corazón siente esos tres momentos que son tuyos, son parte de tu vida. Los viviste, tuviste esos regalos maravillosos. Tu vida ya merece la pena solo por esos tres momentos. Todo merece la pena por esos tres momentos.

Quédate sintiendo unos instantes y continúa respirando profundo. Deja que ese calor que sientes en este momento en tu pecho, en tu corazón, se expanda en todo tu cuerpo, tus brazos, tu cabeza, tu cuello, tus orejas y en tu abdomen. Siéntelo en tus caderas, en tus piernas y en tus pies.

Siente esa alegría y alimenta con ella todas y cada una de tus células. Llénalas de alegría, de felicidad, del amor que has recibido en estos tres momentos.

Cuando estés listo, termina con una enorme sonrisa de felicidad. Una sonrisa de agradecimiento y de apreciación por lo maravillosa que es tu vida, hoy, ¡ya!

Pues mira, ya has meditado. Si no lo habías hecho nunca antes, tienes una primera meditación en tu cuadernito de cuentas de meditaciones. Ese miedo profundo, ese sufrimiento intenso, ya no tiene el mismo peso. ¿Cómo ves ahora esos momentos?, ¿con cuánta valentía, con cuánta energía te sientes para ir a buscar en lo profundo de ti?, ¿cuánto valor hay para encontrar esos miedos, esas dificultades, esos recuerdos dolorosos? Recuerda que también están los otros, están los recuerdos buenos, como estos tres que acabas de revivir y que te han producido ese cambio de estado tan fantástico.

Además, también está esa semilla divina, ese pequeño trozo de universo, esa pequeña molécula del infinito que vive dentro de ti y que te alimenta, de la que estabas tan cerca cuando eras niño y que poco a poco se fue quedando enterrada debajo de montañas de emociones suprimidas, que tu subconsciente protege de manera legítima, que escondió porque todavía no estabas listo, pero ahora sí lo estás.

Es momento de preguntarte ¿qué es lo que quieres hacer?, ¿qué es lo realmente importante en tu vida?, ¿cuál es tu destino?, ¿cuál es tu misión en la vida?

Ahora tienes las estrategias para enfrentar esas dificultades con una energía completamente nueva. Poco a poco, sin prisas. Un poquito cada día. Una vez que puedas reconectarte con tu esencia más profunda, muchas cosas en tu vida empezarán a hacerse más claras. Es momento de preguntarte ¿qué es lo que quieres hacer?,

¿qué es lo realmente importante en tu vida?, ¿cuál es tu destino?, ¿cuál es tu misión en la vida?

Hay muchos tipos de meditaciones y muchas maneras de meditar. Está la meditación en el silencio, que yo hago sentado en la posición de *yogui* o *Padmasana*, con las piernas cruzadas, o en *Siddhasana*, (postura en la que pongo mi talón izquierdo pegado a mi perineo y el otro talón en línea con el primer talón y el perineo). Enderezo la columna vertebral, pongo las manos palmas arriba sobre mis rodillas y me pongo las manos en *Jnana mudra,* es decir, con el índice y pulgar unidos y los otros tres dedos estirados.

Cierro los ojos y empiezo a respirar profundamente, estirando y alargando mis respiraciones. Estiro mi inspiración de manera tranquila, buscando una respiración abdominal, pránica y simplemente escucho. Veo mis pensamientos venir. No me ato a ellos ni intento rechazarlos. Vienen y los dejo partir. Siento mi cuerpo, siento mi respiración, escucho mi respiración dentro de mi cabeza, en mi garganta, en mis pulmones. Siento mi abdomen, siento el aire salir con la expiración y entrar con la inspiración.

Puedo sentir cada una de las partes de mi cuerpo. Puedo empezar por sentir mi coronilla, la cabeza, las orejas, las cejas, los ojos, la nariz, la boca, luego el cuello y puedo sentir mis hombros. Siento la energía bajar por toda mi columna vertebral, vértebra a vértebra. Puedo sentir los costados y el pecho, mis brazos, mis antebrazos, mis manos, mi corazón, mi plexo solar, mi abdomen. Luego mis caderas, mis partes íntimas, mis piernas, rodillas, pantorrillas, los tobillos y los pies, hasta los dedos.

Finalmente puedo sentir luego todo a la vez. Puedo sentir todo mi cuerpo. Mi energía que irradia un poco más allá de mi piel, como una especie de burbuja a mi alrededor, una especie de temperatura y sigo escuchando mi respiración y sigo acercándome a mi corazón.

En este momento de calma yo puedo lanzar una pregunta a mi subconsciente. Puedo preguntar: "¿Qué necesitas ahora de mí?, ¿cómo te sientes? Estoy aquí, te escucho, envíame tu mensaje".

Cuando haces estas preguntas surge una respuesta que viene quizás muy rápidamente, casi de manera automática. La primera respuesta que viene es la buena. Mi cabeza, a veces va a intentar racionalizar y decir: "No, no, esto no es, es otra cosa. Déjame seguir buscando". La primera respuesta guárdala, atesórala, intenta entenderla. Probablemente es algo que has estado negando durante mucho tiempo. Quizás es algo que no reconoces como tuyo y dices: "No, no, eso no me pasa a mí. Eso no soy yo". Pues tu subconsciente te lo acaba de confirmar y tener ese conocimiento, tener esa información, es un regalo.

Cuando hagas esas preguntas, pregunta siempre: ¿cómo poder salir adelante? Es decir, haz una pregunta inteligente, no te quedes simplemente en cuál es la situación, sino en cómo mejorarla. Pregunta: "¿Cómo puedo mejorar esta situación para mí?, ¿qué puedo hacer para crecer?".

De la calidad de nuestras preguntas depende la calidad de nuestras respuestas. Si pregunto "¿Por qué soy tan tonto?", pues obtendré una respuesta que validaría lo tonto que soy. Si pregunto: "¿Cómo puedo dar un paso hacia adelante?, ¿qué debo hacer ahora para poder pasar al próximo nivel?". Obtendré una respuesta completamente distinta, de una calidad superior.

Si la meditación en el silencio es muy difícil para ti, puedes hacer meditaciones guiadas. Yo te recomiendo fuertemente el *priming* de Tony Robbins y la meditación de *los corazones gemelos*, de *Pranic Healing*, guiada por Master Stephen Co. Ambas están en inglés, si las quieres hacer en español, las encontrarás en mi canal de YouTube, Carlos Malatesta.

Otras meditaciones muy interesantes son las de un compatriota venezolano llamado Eduardo Salazar, que son muy lindas, las llama *Neuronas espirituales*. Las podrás encontrar también en YouTube. A mí me gusta explorar, probar distintas cosas. Busca cuál es la que te conviene más a ti, cuál es la que puede realmente llevarte a otro nivel, la que te colma, la que te gusta más, la que más te hace sentir, la que es más fácil para ti.

Explora, busca, si lo que pruebas al principio no funciona, prueba otra cosa. No te rindas a la primera, no te rindas jamás. Sigue buscando, Porque realmente merece la pena, realmente esta práctica va a cambiar tu vida, va a cambiar tu relación contigo mismo, va a cambiar la relación con tu pareja, con tus hijos, con tus compañeros de trabajo, con la vida. Todo va a cambiar, poco a poco, de manera muy dulce.

Una de las cosas más hermosas de la meditación y que te permite realmente apreciar su valor, es justamente cuando llevas practicándola desde hace un buen tiempo y luego dejas de hacerla. En esos momentos, durante el día te empiezas a sentir raro, sientes que algo no está bien, sientes que algo no funciona, te sientes como agitado, como fuera de ti. Y te das cuenta de que necesitas meditar, que necesitas nutrir tu alma, sabes que ese es tu alimento.

Dejar de meditar luego de un tiempo, te permite comprender exactamente la diferencia entre lo que pierdes cuando dejas de meditar y lo que ganas en su práctica. Te das cuenta de lo que aporta a tu vida, te das cuenta de cómo tu vida marcha muchísimo mejor cuando meditas. Sabes que realmente merece la pena invertir esos cinco minutos, esos diez, quince o veinte minutos en ella. No necesitas meditar una hora al día.

Al iniciar tu práctica, no intentes empezar con treinta minutos o con más. Medita cinco o diez minutos, si puedes, quince. Es mejor meditar cinco minutos al día que treinta minutos una vez al mes. Esos cinco minutos van a crecer poco a poco, porque te vas a dar cuenta de su valor y vas a empezar a crear el hábito de sentarte a tomar un tiempo para ti.

Si un día no puedes meditar, no pasa nada, no tienes que pensar que todo está perdido, que finalmente esto no era lo tuyo o que no eres capaz de mantener un esfuerzo. Deja de castigarte y ser tan duro contigo mismo. Si un día no lo haces, no pasa nada, al día siguiente cinco minutos.

Medita por la mañana, antes de empezar un día fantástico, medita por la noche, antes de dormir, te permitirá dormir mucho mejor. Medita a mitad del día, en todo momento, la meditación va a añadir muchísimo valor a tu vida.

Pasemos a la acción

No dejes que este momento de lectura, este momento de inspiración y entusiasmo que tienes dentro de ti, pase desapercibido.

Así que te propongo ahora mismo que hagas una pequeña meditación. Puede ser de cinco minutos, o de diez, o de quince, pero haz tu primera meditación e intenta mantenerla todos los días.

Las acciones que te propongo son las siguientes:
- La primera es que escojas el momento de cada uno de tus días en que vas a meditar. Si lo harás en la mañana, te levantas un poquito antes. Si lo harás por la noche, toma un momento antes de dormir.

- La segunda tarea es que decidas cuánto tiempo vas a meditar. Empieza con poco. Diez minutos son suficientes. Deja que la práctica de la meditación se vaya construyendo poco a poco.

- Y la tercera tarea es escuchar. Busca cuál es la meditación que vas a hacer, si eliges hacer una meditación en el silencio, una meditación guiada o con música. Escoge entre el *priming*, la meditación de los dos corazones, o las meditaciones de neuronas espirituales.

- Ahora mismo, estés donde estés, aunque estés en tu oficina, aunque estés en tu cama, o leyendo este libro, intenta aprovechar esos cinco minutos para conectarte contigo mismo.

Cierra los ojos, respira profundamente una y otra vez, alarga la inspiración y expira con la misma duración. Respira desde tu abdomen y conéctate con tu subconsciente.

Lo primero que harás será decir tu nombre. En mi caso, Carlos.

"Te amo, Carlos.
Te amo.
Estoy aquí para ti, Carlos.
Aquí estoy para ti.
Te amo.
Siento tu corazón.
Siento tu pecho.

Sé que no he estado siempre presente,
pero ahora lo voy a estar.
¡Te amo!
¡Te amo!
Sé que hay tanto valor dentro de ti.
Lo voy a descubrir.
¡Te amo!
¡Te amo!
Amo al niño dentro de ti".

Visualiza tu infancia, cuando tenías cinco años. Mira a ese niño frente a ti. Sonríele y dile:

"Te amo, pequeñito.
Aquí estoy para ti,
para protegerte y para amarte.
Nunca más te voy a dejar solo.
¡Te amo!
¡Te amo!".

Con las manos en tu corazón, sigue respirando, o ponlas en tu abdomen. Haz lo que sientas que es mejor y sigue repitiendo:

"¡Te amo!
¡Te amo!
¡Te amo!".

Cuando estés listo, abre otra vez los ojos con una enorme sonrisa.

CAPÍTULO V

El poder de las influencias

Cualquier persona que haya ejercido una profunda influencia en otras personas, en instituciones o en la sociedad, cualquier padre que haya tenido una influencia intergeneracional, quienquiera que verdaderamente haya hecho un cambio para bien o para mal: todos han tenido en común tres atributos: visión, disciplina y pasión. Yo diría que estos tres atributos han gobernado el mundo desde el principio. Representan el liderazgo eficaz.

STEPHEN COVEY

En este capítulo vamos a hablar sobre el poder de las influencias. Un tema que me ha apasionado durante muchos años de mi vida.

Recuerdo que cuando tenía entre veinte y veintidós años, durante un día de trabajo con un grupo, me preguntaron sobre el impacto de las influencias en mi vida, ¿qué impacto tiene una influencia?, ¿cómo funciona una influencia?, ¿qué efecto puede tener en mi vida una influencia? Sin duda, esas preguntas me hicieron reflexionar un montón.

Al instante, me vinieron a la mente frases como: "Ese muchacho es una mala influencia para ti", "Esa persona es muy influenciable". Esas frases, de alguna manera, dan una noción de lo que son las influencias, de cómo funcionan y del impacto que pueden tener en mi vida.

En esa misma línea, durante mi tiempo de estudiante universitario, recuerdo cuando presenté uno de mis primeros exámenes, era de Cálculo I y lo aprobé con catorce puntos. Era la segunda mejor nota de la clase. La mayor nota fue la de un compañero que sacó dieciséis.

Recuerdo que, al llegar a casa con la noticia, mi padrastro, en vez de felicitarme, me dijo:

—Tienes que juntarte con ese que sacó dieciséis.

Nunca me junté con él, pero en el segundo examen, yo saqué dieciocho puntos y él doce. ¿Significaba esto que ahora él debía juntarse conmigo?

El tema de las influencias no llegué a comprenderlo de manera profunda, sino hasta hace unos años, cuando empecé a escuchar a Tony Robbins, ir a sus seminarios y cuando me interesé por ver *TED talks,* es decir, las charlas TED. En una de esas charlas escuché a un muchacho que decía:

"Eres el promedio de las diez personas
con la que pasas más tiempo en tu vida".

Esta frase me chocó, me sorprendió. ¿Cómo voy a ser el promedio de las personas con las que paso más tiempo? Todavía no lo había asociado con las influencias. Tony Robbins, me lo confirmó. En uno de sus seminarios dijo:

"Eres el promedio de las expectativas que tu
entorno pone sobre ti".

¿Cómo es eso de las expectativas que mi entorno pone sobre mí? ¿Eso quiere decir que mi comportamiento depende de las expectativas que tenga mi entorno?

Es sorprendente como concepto, ¿no? Gracias a estas distinciones, aunque aún no comprendía profundamente cómo funcionan las influencias, sí comprendí cómo utilizarlas. Había una llamada concreta a la acción. Era una llamada a decir: "Tengo que rodearme de personas que suban mi promedio", tengo que rodearme de personas que me ayuden a crecer, que me tiren hacia arriba. Y tengo que intentar liberarme o reducir mi tiempo de exposición a personas que me tiran hacia abajo".

Este concepto me resultó muy atractivo. ¿Cómo puedo buscar personas que hayan logrado los objetivos que yo quiero lograr?, ¿cómo encontrar personas que ya hayan transitado por el camino que yo quiero transitar? O simplemente, ¿cómo puedo encontrar personas que están en el mismo camino que yo, que comparten mis objetivos, que tienen hambre, que tienen ganas?

Piénsalo de esta manera: si estás rodeado de pesimistas, ¡qué difícil es ser optimista! Y a la misma vez, si estás rodeado de optimistas, ¡es muy difícil ser pesimista! Si estás rodeado de inversionistas en la bolsa de valores, ¿cuánto tiempo crees tú que va a pasar, antes de que empieces a invertir en la bolsa de valores? Cuando los escuches contando historias, cuando te vayas a tomar un café y digan: "Esta acción está en un precio extraordinario, hay que comprar", o "¿Viste esta oportunidad?", ¿cuánto tiempo crees que va a pasar?

Si estás en un club de emprendedores, de empresarios, vas a aprender a invertir, a emprender, vas a ver cómo hacen los otros,

117

vas a ver las posturas, las estructuras mentales, vas a ver el tiempo que pasa cada uno de los empresarios en sus empresas, en sus negocios, su pasión, su lenguaje.

Podemos decir que las influencias, como las otras herramientas que presento en este libro, son poderosas. Las influencias forman parte del juego de herramientas que debes utilizar para lograr avanzar y hacer progresar tu vida en la dirección que tú quieres. No tienes que reunirte con empresarios, ni tienes que reunirte con optimistas, ni con pesimistas. Tampoco tienes que reunirte con agentes de la bolsa de valores. La pregunta es: ¿con quién te quieres reunir tú?, ¿cuáles son esos objetivos que tú quieres?

Una vez que tienes claro qué es lo que quieres, con el mayor lujo de detalles posible, es el momento de ponerse en marcha e implementar tu estrategia de acción y, con ella, buscar a las personas que van a producir las influencias que tú quieres y que son las más benéficas para ti. Es uno de los elementos claves para lograr el éxito.

LA ALIMENTACIÓN DEL CUERPO Y LA MENTE

La comprensión que tengo hoy en día sobre las influencias está fuertemente relacionada al conocimiento de la nutrición. Desde mi percepción, el organismo está hecho de distintos cuerpos. El cuerpo físico tiene distintos alimentos.

El primer alimento es el oxígeno, que está diluido en el aire que respiramos. Él alimenta nuestra estructura celular. Otro alimento es el agua. Alimenta el 90 % de nuestro cuerpo que es prácticamente líquido. Finalmente, está el alimento sólido, que viene a aportar los nutrientes, las vitaminas, los minerales y las proteínas, elementos necesarios para el correcto funcionamiento del organismo.

La mente, así como las emociones, también necesita alimento. ¿Cómo puedo alimentar mi mente?, ¿cómo puedo alimentar mis emociones? Las emociones dependen enormemente de mi sistema de creencias. Si yo cambio mi sistema de creencias, voy a cambiar mis emociones, mis estructuras mentales, mis reacciones frente a una situación específica, voy a cambiar mi comprensión del mundo y mi comprensión de lo que yo soy capaz de hacer, de mi potencial.

Entonces, desde mi comprensión, las influencias son un alimento para mi mente, son un alimento para mis emociones, son el alimento que me va a permitir desarrollar estas otras partes de mí.

Las influencias forman parte del juego de herramientas que debes utilizar para lograr avanzar y hacer progresar tu vida en la dirección que tú quieres.

Me llama la atención ese concepto que se utilizaba a manera de chiste en la escuela y en la universidad sobre la ósmosis. Decían: "Lo aprendí por ósmosis". De alguna manera, la gente pensaba que estar cerca de alguien que sacaba buenas notas, le iba a garantizar tener buenas notas.

Siempre me pareció absurdo, pero en cierto modo, funcionaba. Estar rodeado de los mejores deportistas de la clase, te hacía mejor deportista. ¿Por qué? Pues, porque empiezas a comer como ellos, adoptas su lenguaje, sus hábitos, adoptas sus rituales, es decir, adoptas las estrategias, adoptas las estructuras mentales, adoptas los sistemas de creencias de esos deportistas y los empiezas a experimentar.

En mi adolescencia, siempre pensé que el mundo era inalcanzable para mí. Siempre pensé que nunca podría ir a vivir a otro país y ser exitoso, era algo inimaginable para mí. Me parecía como un objetivo imposible, tan lejano.

No tenía los recursos financieros para poder viajar en avión e ir a otro país, alojarme en un hotel, alquilar una casa o una habitación. Mentalmente pensaba que era muy difícil, tanto el viaje como el hecho de buscar un trabajo en otro país.

Mi primer viaje lo hice con mi madre y mis hermanos. Estudiaba en la universidad y viajamos de Venezuela a Bonaire. Ahí conocí a una amiga de mi hermana. Frida, una alemana muy simpática e inteligente, ella era muy natural y empática. Nos hicimos muy buenos amigos, un poquito más que amigos, debo confesar.

La mente, así como las emociones, también necesita alimento.

Recuerdo que hablábamos de mis ganas de conocer el mundo, de mis sueños de viajar a Europa o a Estados Unidos. En una de esas conversaciones me dijo:

—Pero, ¿por qué no lo haces?

—¿Cómo lo voy a hacer? Es difícil. No hablo bien los idiomas y no tengo los recursos —fue mi excusa perfecta para responderle.

—Pero no necesitas nada de eso —respondió—. Simplemente vas, buscas un trabajo de lo que sea o te buscas una beca para poder cursar tus estudios, encuentras tu beca y vas.

Lo dijo de una manera tan natural que, de repente, me pareció muy sencillo y todas mis objeciones me empezaron a parecer ridículas frente a esa constatación, esa certitud total de que era lo más sencillo del mundo. En ese momento me dije: "Bueno, estos europeos tienen otra vida y creen que, para nosotros los latinoamericanos, las cosas son igual de sencillas que para ellos, pero no es cierto, para nosotros todo es más difícil".

Eso era mi sistema de creencias que entraba en juego, pero de algún modo, ella había plantado una semilla dentro de mí, de que ese viaje era posible y me lo creí. Ese cambio de escenario, pasar dos semanas en un nuevo país, con otro idioma, otra cultura, con productos distintos en el supermercado, en contacto con una persona con otra perspectiva del mundo, es decir, exponerme a un nuevo conjunto de influencias, logró encender la creencia de que finalmente mis sueños no eran tan inalcanzables.

Mi contacto con Frida alimentó unas creencias dentro de mí que antes me parecían imposibles. La influencia de ese tiempo compartido con ella y en ese medio diferente cambió algo, cambió mi dogma y me hizo pensar que finalmente sí que era posible.

Lo impresionante y que recuerdo aún al día de hoy, es que cuando volví a Venezuela, a mi casa y me volví a reunir otra vez con mis amigos, cuando regresé a mi pueblo en San Antonio de los Altos, en Venezuela, cuando regresé a mis clases en la universidad, a encontrarme nuevamente con mis compañeros de estudio, poco a poco esa sensación de que todo era posible, la fui perdiendo. Iba desapareciendo esa convicción de que sí, claro que me podía ir a vivir a otro país si quería, ¡claro que podía! Claro que podía tener éxito allá a donde fuera.

Meses después, dejé de creerlo y todo quedó como un vago recuerdo. Por desgracia, terminé creyendo otra vez que era imposible.

De alguna manera el poder de la influencia de mi entorno, las expectativas de las personas que me rodeaban, efectivamente, sí tenían un impacto poderosísimo sobre mis creencias interiores y sobre mi convicción de lo que era posible lograr y lo que no, tanto para bien, como para mal.

Las influencias tienen un poder enorme sobre nosotros. Las empresas de *marketing* y sus comerciales de televisión lo tienen muy claro. Saben muy bien cómo hacernos comprar. Saben muy bien cómo tener una influencia en nosotros. Así que es indispensable cuidar qué es lo que entra en nuestras cabezas y en nuestros corazones. ¿Qué permito que alimente mi cuerpo emocional y mi cuerpo mental?, ¿con qué lo voy a alimentar?

Si tomo el control, tomo las riendas y escojo con criterio lo que yo voy a dejar que me influencie, los resultados en mi vida no se van a hacer esperar.

Pasando a un elemento práctico, es importante comprender cuáles son las áreas que yo quiero alimentar, cuáles son las tareas que quiero desarrollar para poder lograr esos objetivos que yo quiero, para alcanzar la calidad de vida que yo deseo en las distintas áreas de desarrollo.

Más adelante hablaremos en detalle de la rueda de la vida, que representa las distintas áreas fundamentales para el equilibrio y la armonía en todos los niveles: la familia, las relaciones, las finanzas, el trabajo, la espiritualidad, el cuerpo y la salud. Entonces, desde la claridad y la comprensión de mis objetivos, yo puedo utilizar esta fuerza de las influencias para alimentar y desarrollar las partes que necesitan más trabajo dentro de mí.

Si lo que quiero es perder peso, tengo que rodearme de personas que buscan lo mismo, personas que ya lo han logrado y personas que están en el proceso, que me van a ayudar y me van a dar fuerzas a lo largo de mi camino. ¿Qué necesito para lograrlo? Constancia, disciplina, necesito la estrategia correcta.

Entonces, ¿qué tengo que buscarme? Un entorno que pueda ayudarme en ese sentido. Quizás puedo ser muy específico y buscar un entorno que me ayude a ganar, por ejemplo, disciplina.

Las artes marciales suelen ser entornos más positivos que la enseñanza militar. Aunque de esta última no comparto muchas de sus prácticas, comprendo que sus técnicas permiten lograr una gran disciplina en las personas que las viven y que las utilizan. Pero prefiero las artes marciales por su lado más espiritual, positivo y en contacto consigo mismo, para aprender a controlar y a desarrollar el cuerpo, la mente y las emociones con una gran disciplina y respeto por la práctica.

Si lo que quiero es mejorar mi vida financiera, tengo que buscar personas que ya tengan el nivel de finanzas que yo quiero, o personas que estén en camino. Es muy importante encontrar mentores y estar bajo la influencia de personas que ya han logrado lo que yo quiero.

A veces puede ser difícil encontrar esas personas, pero hoy en día, gracias a la tecnología, tenemos grandes herramientas a nuestra disposición. A través del Internet descubrimos que hay muchas personas que, como yo, tienen el deseo, la necesidad y hasta sienten la obligación de compartir las estrategias, las técnicas y los caminos que los han ayudado a lograr el éxito que viven hoy en los distintos niveles de sus vidas.

Así que, en tu ciudad, en tu entorno, puedes buscar clubes o asociaciones que trabajen con los temas que a ti te interesan. También, puedes acceder al mundo entero a través del Internet. Hay muchas personas que han dejado como legado las técnicas que utilizan, lo han dejado por escrito en innumerables libros, personas que han logrado exactamente lo que tú quieres. Léelos, comprende y aliméntate. Déjate influenciar con una abertura de espíritu y a la vez un sentido crítico, inteligente por las ideas que te van a presentar.

En plataformas web como YouTube, hay muchísima información gratuita, sobre una infinita cantidad de temas, como motivación, disciplina, crecimiento personal, negocios, empresas, cómo ser mejor padre, cómo ser mejor madre, cómo mejorar sus relaciones de pareja.

Hoy en día tenemos una enorme cantidad de información a nuestra disposición. Si yo invierto quince minutos diarios para ver un vídeo en YouTube o leer un texto en Internet sobre la temática que me interesa, yo alimento mi vida y me dejo influenciar por nuevas ideas, nuevas mentes, nuevas emociones, nuevas personas, nuevos estilos.

Debo escuchar, alimentarme constantemente de esta nueva información y poco a poco, con mi criterio personal, con aquello que es natural y sano para mí, ir implementando aquellas estrategias que me resulten las mejores, las más eficaces.

Hay un tema muy importante, que también abordaremos y que está ligado a las influencias. Lo resumiré con una frase que le escuché decir a Tony Robbins:

"La cercanía es poder".

¿Qué quiere decir esto? Que estar en contacto próximo con personas que tienen algo que yo quiero, como, por ejemplo, información, fondos, conocimiento, redes o poder, te da la capacidad de tener acceso a eso que estás buscando. Para ser más concreto, te voy a contar una historia, una vivencia real, de cuando desarrollaba mi empresa de energía solar fotovoltaica en Francia.

En el año 2013, mi socio y yo compramos la empresa donde trabajábamos. Al momento de la compra, la empresa no iba bien, arrastraba varios años con pérdidas enormes y carecíamos de clientes nuevos. Necesitábamos buscar financiamiento para desarrollar nuevos proyectos y poderlos llevar a cabo.

Así que me puse el sombrero de financiero, cosa que no era, y me fui a hablar con todos los bancos y fondos de inversión que conocía.

En esa época, mi socio, que es un hombre muy pragmático, pero que a la vez tenía una increíble confianza en su instinto y en su agudo olfato por los negocios, se había encontrado con un viejo conocido que hacía más de cinco años que no había visto. Era una persona con muchos contactos en el sector solar y en el sector financiero. Era un antiguo director financiero de una empresa solar.

Lo contratamos como lobista[1], con la misión de ayudarnos a conocer gente que nos pudiera apoyar en nuestros proyectos. Con él fuimos a ver distintos fondos de inversión que él conocía.

Tomamos la habitud de ir cada mes o mes y medio a París, a pasar un par de días y hacer reuniones con fondos de inversión, con bancos, con personas que eran conocidas de Ralph, ese era el nombre de mi amigo, Ralph Buchter, y sucedió algo fantástico.

Al principio, íbamos todos intimidados, con poca experiencia y sin conocer muy bien el sector. Veíamos con respeto y un poco de miedo a estos grandes banqueros y a los ejecutivos de fondos de inversión.

Sin embargo, a medida que pasábamos tiempo juntos y que nos conocíamos, nos empezamos a acostumbrar al lenguaje, a su manera de ser. Empezamos a ver las diferencias entre un banco y un fondo de inversión, entre un fondo de inversión y el otro, entre las distintas estrategias de bancos. Y nos pasaba

---

1 Derivado de la palabra inglesa *lobby*, persona influyente, entrenado o formado para presionar en favor de determinados intereses (*Diccionario panhispánico de dudas*).

127

que, yendo a eventos y congresos del sector fotovoltaico, de vez en cuando nos cruzábamos con alguien que ya habíamos visto, y cuando los veíamos, como ya nos conocíamos, como ya nos habíamos encontrado en diferentes reuniones, nos saludábamos y conversábamos.

Eso fue un proceso que duró tiempo. No les voy a decir que duró semanas, duró quizás más de dos años, tal vez tres. Pero, pasado ese tiempo, en un congreso, nos encontramos con el representante de un fondo de inversión que nos reconoció. Nos invitó a conversar y dijo:

—Bueno, tenemos que hacer algo juntos. ¿Qué proyectos tienes? Me interesaría hacer cosas contigo.

Cuando me habló de esta manera, yo me quedé sorprendido. Dentro de mí me pregunté: "¿Y por qué quiere hacer cosas con nosotros si nuestra empresa no tiene la experiencia, es joven y no tenemos los recursos?

De alguna manera comprendí que se había desarrollado una especie de familiaridad entre nosotros, una relación, y que esa relación produjo confianza.

El hecho de habernos visto dos, tres, o cuatro veces a lo largo de los últimos dieciocho meses, de alguna forma nos hizo conocidos. Habíamos compartido, discutido y hablado del sector, había visto el conocimiento que nosotros tenemos, habíamos hablado de nuestros proyectos, de nuestras ideas.

Así que ahora teníamos un fondo de inversión especialista en nuestro sector que nos quería ayudar, que quería hacer proyectos con nosotros. Pero ¿qué había cambiado?

Efectivamente, habíamos trabajado y habíamos intentado empujar nuestra empresa hacia adelante. Trabajamos con entusiasmo, con compromiso, con tesón. Pero ¿había quizás algo más detrás de este cambio?

La diferencia fue simplemente que, de alguna manera, ahora éramos conocidos. Ya no éramos anónimos y habíamos desarrollado una relación. Las cosas habían cambiado, por el simple hecho de habernos cruzado cada dos, tres, cuatro meses en el último año y medio.

Eso nos sucedió con varios fondos de inversión, con distintos banqueros que nos invitaban ahora a sus oficinas y querían conocer nuestros planes y con los que, finalmente, logramos desarrollar nuestros primeros proyectos.

Y ese fue el inicio de un crecimiento exponencial que hizo que nuestra empresa, cuando la recuperamos mi socio Pascal y yo, pasara de producir pérdidas y de tener cinco empleados, a acumular cincuenta millones de euros en ventas, siete años más tarde.

Evidentemente, eso no fue el único factor. Hubo muchos otros factores que ayudaron al desarrollo de la empresa, así como mucho crecimiento de parte de mi socio, de nuestro equipo y de mí mismo. Pero siempre voy a recordar con mucha sorpresa y curiosidad ese momento en el que ese ejecutivo de fondos de inversión me dijo: "Bueno, Carlos, ¿cuándo vamos a hacer algo?".

Recuerdo mi regreso a casa ese día, iba en el tren preguntándome: "Pero ¿qué cambió?, ¿qué cambió?, ¿qué cambió?".

Me di cuenta de que la cercanía, el hecho de cruzarnos, de estar en el mismo sector, de tener amigos en común, de adoptar el mismo léxico, tuvo una influencia en la perspectiva de esta persona y en su deseo de trabajar con nosotros.

Este ejemplo lo cuento con una sonrisa, porque es muy similar, muy parecido a un ejemplo de la vida de Tony Robbins, que es una persona extraordinaria, a quien admiro por todo lo que ha logrado para sí y para los demás en su vida. Me refiero a una conversación con uno de los grandes hombres de negocios que Tony frecuentaba. Él había comprendido muy rápidamente la importancia y la potencia de las influencias y de las personas con las que estamos en contacto y con las que pasamos tiempo.

Este empresario, uno de los hombres más ricos del mundo, le dijo a Tony: "Para hacer crecer tu empresa tienes que ir a Nueva York y pasar tiempo con financieros. Simplemente pasa tiempo con ellos, sin ningún objetivo preciso. Conoce a las personas, observa cómo hablan, cómo son. Conversa con ellos, cuéntales tus proyectos, entiende sus objetivos y verás que, en algún momento, cosas que pensabas que eran absolutamente imposibles de realizar, van a empezar a ser posibles".

Tony, que es un hombre de acción, lo hizo y gracias a eso logró sacar una de sus empresas a la bolsa de valores y ganar cientos de millones de dólares en un solo día en capitalización bursátil.

Yo me dije: "Bueno, a mi escala, no gané cientos de millones de dólares", pero sí viví en carne propia la potencia de la proximidad y la potencia de las influencias y disfruté del impacto increíble que tuvieron en mi negocio.

Estamos hablando entonces de dos tipos de influencias: la influencia de la cercanía, de pasar tiempo, de rodearte de personas que han logrado hacer cosas que tú aún no has logrado hacer, que han logrado los objetivos que tú buscas o que tienen algo que tú necesitas; y también la influencia de poder alimentar tu mente, tu cuerpo y tus emociones de nuevas estructuras mentales, de nuevas estructuras emocionales que van a venir a alterar tu sistema de creencias.

Así que bueno, ¿qué te parece si pasamos a la acción?

PASEMOS A LA ACCIÓN
Las tareas que te propongo son las siguientes:

- Primero, escribe en una hoja de papel cuáles son las áreas que a ti te gustaría mejorar, pueden ser cosas específicas, como aprender bienes raíces, mejorar en tus estudios, mejorar tus relaciones de pareja, tu capacidad de influir en otras personas, cómo crear una empresa; o pueden ser cosas más generales como la disciplina, cómo mantener tus objetivos, construir nuevos objetivos, así como mantener tu motivación activa y tu entusiasmo.

Escríbelo, no lleves a cabo este ejercicio en tu cabeza. Regístralo, porque cuando lo hagas vas a tener acceso a parte de tu subconsciente que se manifestará y materializará cuando tomes el lápiz en tu mano y empieces a darle movimiento al escribir. También vas a tener una mayor y mejor comprensión, porque irás más profundo en tu cerebro y activará otras partes que harán el aprendizaje más completo. Escribe una lista *top tres* de objetivos o áreas en las que a ti te gustaría trabajar. Si tienes una sola, ¡fantástico! Eso quiere decir que tienes muchísima claridad y sabes exactamente qué es lo que tienes que ir a buscar. Así que concentra todos tus tiros en ese objetivo. Si tienes varias, dos estarían muy bien. Pero elige máximo tres. Si tienes más de tres áreas, oblígate a escoger, porque no queremos que te diluyas haciendo muchísimas cosas con un nivel bajo de calidad y entrega. Es mejor que concentres tus energías en tus objetivos prioritarios, oblígate a escoger. Una vez que tienes esto, pasamos al siguiente punto.

- Reflexiona. Como primer punto de este objetivo, haz una tormenta de ideas sobre qué fuentes de influencia puedes encontrar para cada una de tus áreas de trabajo. Busca influencias externas como libros, formaciones *online*, o cursos que puedas hacer en tu ciudad. A qué clubes, asociaciones o grupos de amigos puedes acceder, que trabajen en tu área de interés, que hayan logrado lo que tú quieres o que estén en la búsqueda de lo mismo que tú, para que empieces a pasar tiempo con ellos. Verás que te van a empujar hacia tus metas, te van a motivar y tú también las motivarás y empujarás hacia sus objetivos.

- Finalmente, entrégate al segundo paso, que es el más importante, programa en tu agenda acciones, con fechas y horarios precisos para que dejen de ser simplemente una posibilidad y se transformen en realidad.

ÁREAS A MEJORAR

_____

_____

_____

_____

_____

_____

_____

_____

TOP TRES

_____

_____

_____

_____

_____

_____

_____

_____

TORMENTA DE IDEAS

_____

_____

_____

_____

_____

_____

_____

_____

_____

CAPÍTULO VI

Los puentes

El gran descubrimiento de mi generación es que los seres humanos pueden alterar sus vidas al alterar sus actitudes mentales.

WILLIAM JAMES

En este capítulo trataremos una de mis estrategias favoritas, la estrategia de los "puentes". Es una metáfora que utilizo para hablar de aquellas herramientas, situaciones, habitudes y rituales que me ayudan a pasar de una zona de desempoderamiento, debilidad, estrés, tristeza o baja energía; a una zona de fuerza, empoderamiento, potencia, felicidad, alegría y éxito.

Imagínate que agrupáramos todos tus estados negativos en una isla en el océano y la llamáramos la isla de la debilidad. Allí encontraríamos la flojera, el enfadado, la tristeza, la debilidad, la baja energía, etc. Cuando estoy en esa isla, me resulta muy difícil hacer las cosas que yo sé que tengo que hacer para tener la vida que yo quiero para mí.

Imagínate ahora que haya otra isla en el mismo océano, pero en la que puedas agrupar todos tus estados positivos, todos tus estados poderosos, como el entusiasmo, la fuerza, la curiosidad, la energía, las ganas y la disposición de hacer de todo, llamémosla la isla del poder. En ella cada movimiento que hagas saldrá perfecto y cada palabra que digas será la justa, la precisa. Es la isla de tu inspiración y tu creatividad. Sería una representación de tus estados interiores, con sendas islas para agrupar los estados positivos y negativos.

A lo largo de nuestras vidas, nuestra existencia ocurre en una u otra de estas islas emocionales. Unas veces nos sentimos abatidos, sin ánimos ni fuerzas, otras en cambio, nos sentimos empoderados, llenos de vigor y energía.

Evidentemente, si pudiéramos escoger dónde pasar el tiempo, nuestra preferencia siempre sería en la isla del poder, porque allí tenemos control de nuestras vidas y allí podemos actuar para avanzar, crecer y contribuir en el crecimiento del otro. La buena noticia es que ¡sí podemos escoger! La cuestión, entonces, se vuelve práctica: ¿cómo hacer para mantenernos la mayor cantidad de tiempo posible en esta isla? Y si estamos en la isla que nos roba nuestra energía, el entusiasmo y las ganas de hacer las cosas, ¿qué debemos hacer para salir de ella y pasarnos a la isla de la energía positiva?

Allí justamente aparece la imagen del puente, uno hermoso, sólido y robusto, que te permite atravesar de la isla de la debilidad hacia la isla del poder y la energía. Eso es lo que vamos a trabajar en este capítulo, la comprensión y la construcción de los puentes que nos permitirán ir de un estado negativo hacia un estado positivo de empoderamiento.

Entonces, ¿qué es un puente? Reflexionemos ante esa pregunta.

Un puente es cualquier estrategia o acción, como una conversación, un ritual o lectura que te ayude a salir de un estado de debilidad, de un estado negativo y que te lleve a un estado positivo. Por ejemplo, escuchar música. Cuando escuchas una canción, quizás tu canción preferida, un buen merengue, tu banda de *rock* preferida o una canción dinámica, te dan ganas de bailar o de cantar. De inmediato, dentro de tu mente asocias esa canción a momentos fantásticos de tu vida y ¡boom! Automáticamente tu estado cambia. Mueves el cuerpo, cantas, sonríes, te acuerdas de episodios de disfrute en tu vida relacionados con esa canción. Esa canción te transporta de la isla de la debilidad a la isla del empoderamiento.

Otros ejemplos serían: hacer yoga, ir a caminar e internarse en medio de la naturaleza por diez o quince minutos, dar un paseo alrededor de tu casa o trabajo, conversar con personas que aprecias, con familiares o amigos, tener una sesión de *coaching* con un especialista, meditar, hacer las rutinas de la mañana, etcétera, etcétera, etcétera.

Si tomas cinco minutos para pensar en aquellas cosas que tú sabes que te ayudan a cambiar de un estado de debilidad hacia un estado positivo, te darás cuenta de que son varios los puentes que ya utilizas sin notarlo. Puedes empezar a escribir una lista de tus puentes, esas actividades que tú sabes que enseguida te cambian de estado de ánimo.

Los puentes, aunque son individuales y personales, también se pueden compartir. Es decir, tú y yo podemos compartir el mismo puente o podemos tener unos completamente distintos. Cada quien debe identificar y utilizar aquellos que le resultan eficaces.

Los puentes pueden ser de distintos tamaños. Si yo tengo una mala mañana, quizás escuchar un poco de música, o conversar con un amigo, sea suficiente para cambiar mi estado de ánimo y ayudarme a volver a la isla del empoderamiento.

Pero si estoy pasando por un mal año, si he perdido a un familiar, a un ser querido, si estoy pasando por un momento de la vida muy difícil, si me siento deprimido, quizás escuchar mi música favorita no sea suficiente para lograr salir de la isla de las emociones negativas. Quizás necesite un puente más grande, más sólido, más poderoso para poder salir de ahí. Es decir, que en esto de los puentes, el tamaño también importa.

Para ilustrar mejor esta estrategia, les cuento una historia. Mi amigo Ralph, de quien les hablé en el capítulo pasado, ahora es socio y dirigente de una empresa de inclusión de personas discapacitadas, también es un hombre muy religioso, desde su fe católica es muy cercano a Dios, a Cristo. Ralph, cuando está en un momento de vida muy difícil, cuando siente que la vida lo sobrepasa o cuando tiene que tomar decisiones muy difíciles, hace ayunos, siguiendo el ejemplo de Jesús y sus 40 días de ayuno en el desierto.

Hace poco tiempo estuvimos haciendo juntos uno de los programas de Tony Robbins, el UPW (Unleash the Power Within), y pasamos un momento fantástico de crecimiento y de descubrimiento. Un tiempo después me dijo: "Carlos, estoy en un momento de vida difícil. Realmente necesito tomar buenas

142

decisiones. Voy a hacer un ayuno porque sé, tengo la certeza total, de que si hago ayuno mi mente se aclarará y sé que veré el camino a seguir con mucha nitidez y podré tomar las mejores decisiones. En mi vida, cada vez que he hecho ayunos, he logrado encontrar y tomar la buena decisión".

En esa ocasión, mi amigo hizo un ayuno de siete días en los que solamente tomaba agua. Ralph asocia el ayuno con momentos de su vida en que ha logrado dar grandes pasos y ha tenido muchísima claridad sobre la toma de decisiones difíciles. Sabe que esa herramienta es un puente que lo lleva de un estado de duda a un estado de poder y la utiliza con inteligencia en los momentos cruciales de su vida.

Pero ¿cuándo debo o puedo utilizar un puente? En realidad, puedo tener puentes que me ayuden a mantener mi estado durante el día o durante la semana y puedo tener puentes que me ayuden a cambiar de isla durante el mes y también durante el año. Tony Robbins comparte su visión al respecto en sus programas, cuando nos habla de la inmersión y el mantenimiento. Si yo quiero, por ejemplo, aprender un idioma, lo mejor que puedo hacer es ir al país donde se hable ese idioma y estar en inmersión total. Pueden ser quince días, un mes, dos meses y con eso tener un primer impacto en mi aprendizaje profundo que me dé las bases suficientes para poder avanzar.

Luego, si no hago nada, nunca más, ya no seguiré aprendiendo, entonces, tendré que mantener mis conocimientos para no olvi-

143

darlos. Ya que no podré interactuar con personas que hablen el idioma que aprendí, lo ideal sería inscribirme en un curso de una o dos horas a la semana, para mantenerme en el idioma y permitirme seguir trabajando en su aprendizaje. Luego, quizás al año siguiente podría hacer nuevamente un programa de inmersión.

Esta técnica de inmersión y mantenimiento diario-semanal-mensual, me gusta mucho y me resulta muy eficaz en la consecución de mis objetivos. Puedo utilizarla para preparar tanto mis días como mis meses, mis años y mi vida. Con ella puedo anticipar los momentos difíciles y no pensar que, por el hecho de estar bien ahora, siempre lo estaré. Puedo prepararme y anticipar las dificultades o problemas que sé que me van a llegar. Sé que enfrentaré inconvenientes, imprevistos o malas noticias en distintos momentos de mi vida, que afectarán sin duda mi nivel de energía y poder.

Para poder comprender mejor esta idea, podemos fijarnos en los deportistas de alto rendimiento. Ellos no pueden, aunque quieran, estar todo el año rindiendo al cien por ciento. Tienen fases. Los ciclistas que corren el *Tour* de Francia, por ejemplo, se entrenan, se preparan y cumplen con todo un programa de formación que los lleva a alcanzar el pico de forma justo en las dos semanas que dura la competición.

Si ellos participaran en todas las carreras con la misma intensidad, antes de llegar al *Tour* de Francia, aunque hayan ganado todas las carreras anteriores, reducirían sus probabilidades de ganar porque su momento pico de forma, que no puede mantenerse indefinidamente, seguramente ya habrá pasado.

Según esto, es interesante y valioso anticipar y programar mis actividades. Aunque en este momento esté muy motivado y en un estado poderoso, sé que en el futuro sucederán cosas que van a poner a prueba ese estado, tanto física, como emocional y psicológicamente.

Se presentarán sin duda inconvenientes y problemas que retarán mi estado de ánimo, y cuando lo hagan, será el momento de utilizar mis puentes para volver a la isla del empoderamiento y así pasar cada vez más tiempo en ella, cultivarla y poner mi energía y mi tiempo para que crezca y florezca.

Continuando con la metáfora, en ella debo sembrar alimentos, construir casas, crear toda la infraestructura necesaria para mi comodidad, como el Internet, con una buena señal wifi que me permita estar conectado con el mundo. También una sala de deportes, un tapiz de yoga, etcétera, etcétera.

El objetivo es pasar más y más tiempo en la isla del poder, desarrollarla, nutriendo mis estados de empoderamiento para que se hagan más fuertes. Así mismo, mientras menos tiempo pase en la isla de la debilidad, menos ganas tendré de estar ahí, pues irá perdiendo energía y fuerza, y su infraestructura se degradará.

Construcción y tipos de puentes

Quiero compartir con ustedes la estrategia de elaboración de una lista de puentes sobre la cual apoyarse tanto cotidianamente como en el largo plazo.

Primero están los puentes "cortos", que son sencillos y se pueden aplicar a lo largo del día. Luego están los intermedios, que se puedan cruzar una o dos veces a la semana o una o dos veces al mes y, finalmente, los grandes puentes poderosos que te ayuden una o dos veces al año a ¡boom!, dar un gran paso hacia adelante para seguir creciendo y desarrollando tu isla del empoderamiento.

Vamos a verlo con ejemplos. En mi caso, ¿qué hago cada día para mantenerme en la isla del empoderamiento y para robustecer esta isla? Si estoy en un estado negativo, ¿qué hago para pasar a la isla del empoderamiento? Yo sé que mi meditación *priming* de la mañana es fundamental para mí. Sé que es un puente al que puedo recurrir cada día. Cuando me levanto por la mañana, lo atravieso y enseguida estoy en mi isla del poder.

Tengo también mis prácticas de yoga. Intento, de lunes a viernes, hacer yoga o ir a correr unos veinte, treinta o cuarenta minutos en función de mi disponibilidad de tiempo. En las noches, también hago una pequeña meditación, hago la meditación de los dos corazones, que tiene un efecto poderoso en mí, me llena de energía, me ayuda a terminar el día y a descansar profundamente en la isla del poder.

En la semana, busco cosas que puedan acompañarme y me ayuden a salir de esos estados. Durante el día, si veo que estoy en un estado negativo, utilizo la tríada, esa técnica que habla de cómo cambiar de estado utilizando la fisiología (el cuerpo), el enfoque y el lenguaje o significado que le doy a las cosas. Yo utilizo principalmente mi cuerpo para salir de ese estado. Mi puente es mover mi cuerpo, activarlo y cambiar mi fisiología. Si cambia mi fisiología, cambiará mi estado. ¿Qué hago? Salto. Me voy a un rincón de mi oficina, o a un sitio donde no me vea mucha gente. Si estoy en casa, lo hago frente a todo el mundo. Si estoy rodeado de gente de confianza, salto frente a todos ellos. ¡Salto y respiro, salto y respiro! Ese cambio en mi fisiología me saca enseguida del estado negativo. Si utilizo "el enfoque", me hago mis siete preguntas de poder. Me pregunto:

1. ¿Qué me hace feliz hoy en mi vida? ¿Por qué me hace feliz y cómo me hace sentir?

2. ¿De qué estoy orgulloso? ¿Por qué me pone orgulloso y cómo me hace sentir?

3. ¿De qué estoy agradecido? ¿Por qué me hace sentir gratitud y cómo me hace sentir?

4. ¿Qué disfruto ahora en mi vida? ¿Por qué lo disfruto y cómo me hace sentir?

5. ¿Con qué me estoy comprometiendo hoy en mi vida? ¿Por qué estoy comprometido con esto y cómo me hace sentir?

6. ¿Qué es emocionante ahora en mi vida? ¿Por qué es esto emocionante y cómo me hace sentir?

7. ¿A quién amo y quién me ama? ¿Por qué los amo y cómo me hace sentir?

Estas siete preguntas me toman de cinco a diez minutos para responderlas y me ayudan a cambiar completamente mi estado.

Finalmente, el lenguaje o significado que le doy a una vivencia. Por ejemplo, estoy en un embotellamiento de regreso a casa, luego de una jornada larga de trabajo. A ese suceso puedo darle un significado negativo: "¿Por qué me pasan a mí estas cosas?, mi vida es demasiado dura...", o puedo darle un significado distinto y decirme que es mi momento fantástico, un momento solo para mí. Puedo escuchar mi música favorita, darme cuenta de que tengo tiempo para llamar a mis seres queridos o para pensar en un proyecto que quiero realizar. Este cambio de significado se produce cuando me pregunto: "¿Qué es lo que tiene esta situación que podría ser fantástico?". Ese cambio de significado produce un cambio en mi estado y me cambia de isla.

Otra de mis herramientas o de mis puentes son las respiraciones de Wim Hof. Si me siento físicamente débil, si siento que mi cabeza no tiene claridad, si estoy muy concentrado en las cosas negativas, paro, hago tres ciclos de treinta respiraciones y siento toda mi fisiología llenarse de hormonas de felicidad, me lleno de serenidad, tranquilidad, fuerza y energía.

Durante la programación de mi año, tengo toda una lista de cosas que puedo hacer durante el día. Muchas de esas también las utilizo durante la semana. No las hago todos los días, las hago cuando las necesito, o de manera recurrente los fines de semana, aprovechando que tengo más tiempo disponible para mí.

Me encanta pasar tiempo con mis niños y jugar con ellos. Me encanta pasar un tiempo a solas con mi esposa, para hablar de nuestras cosas, para compartir, charlar un rato, reír, mientras comemos algo que nos gusta. Es fantástico conversar con ella, contarle cómo me siento, las cosas que estoy viviendo, escuchar también lo que ella está viviendo y apoyarnos mutuamente, para mí es un puente poderosísimo. Me ayuda muchísimo a recuperar mi fuerza y mis ganas de seguir avanzando.

Luego tengo puentes más grandes, que organizo de antemano en anticipación a los retos que sin duda me traerá cada año. Cada trimestre me trazo como meta asistir a un evento de crecimiento extraordinario. Por ejemplo, ir a uno de los seminarios de Tony Robbins o ir un fin de semana a un retiro de yoga. También me busco un evento de diversión extraordinario, como tener un fin de semana con amigos, hacer una fiesta, o viajar con mi esposa y los niños para conocer una nueva ciudad.

Y entonces, a medida que voy caminando y avanzando en mi vida, voy enfrentando retos, dificultades y me voy encontrando con los puentes que construí para ayudarme a mantenerme en la isla del empoderamiento.

Cuando paso momentos difíciles, sé que ya tengo programado por adelantado eventos que me van a empujar hacia arriba. Los programo, planifico estos puentes en mi futuro cercano y lejano. Cada año me pregunto: "¿Qué puentes construiré para cruzarlos en esos momentos claves de mi vida?". Si estoy pasando por un momento extraordinario, ¡boom! lo voy a amplificar y lo voy a aumentar muchísimo más con una de estas actividades.

Si estoy pasando por un momento difícil, cuento los días para que llegue el evento planificado, como aquel retiro de yoga que meses atrás planeé hacer, el UPW de Tony Robbins y sé que cuando regrese a casa después de esas actividades, estaré a tope, lleno de fuerza, lleno de energía y con ganas renovadas.

Eso es programación de la vida. Se podría decir que es un plan de infraestructura en el que voy utilizando puentes pequeños y temporales a lo largo de mi día y a lo largo de mi semana, puentes intermedios a lo largo de mi mes y, también, puentes más sólidos, de mayor envergadura, que me ayudarán a desarrollar mi capacidad de cambiar de isla, en los momentos más retadores del año.

Añadir una perspectiva nueva a la dificultad que estoy viviendo y vivirla de manera diferente, a pesar de que la situación sea la misma.

¡Atención! Eso no quiere decir que no tengamos derecho a estar tristes. Eso no quiere decir que voy a ignorar todas las cosas negativas, difíciles, los retos que tengo en mi vida. ¡No!, me estaría mintiendo y les mentiría a ustedes. Solamente les digo que sé que tengo la posibilidad de mirar esas dificultades desde otra perspectiva. Añadir una perspectiva nueva a la dificultad que estoy viviendo y vivirla de manera diferente, a pesar de que la situación sea la misma.

Cuando perdimos a nuestro primer hijo, a Timothée, fue un golpe muy duro para mi esposa y para mí, para toda nuestra familia. En su espera, todos en casa estábamos felices. Teníamos muchísimas ganas de tenerlo. Habíamos empezado a hacer haptonomía. Él, dentro de la barriga de la mamá y yo, afuera, hablándole y diciéndole cuánto lo amaba y cuánto deseaba tenerlo entre mis brazos.

En esos momentos, Timothée era mi mejor amigo. Hablábamos, jugábamos, aun estando él dentro la barriga de la mamá. Cuando supimos que estaba enfermo, fue un golpe terrible y, al ver la gravedad de su enfermedad, tuvimos que tomar la decisión de interrumpir el embarazo. Para mí esa idea era simplemente inconcebible.

Yo soy una persona leal. La lealtad es uno de mis valores principales y sentía que de alguna manera yo lo traicionaba, me sentía como mi padre, quien me dejó cuando yo era niño, al decidir vivir su vida con otra familia. En ese momento sentí que yo le estaba haciendo lo mismo a mi niño, sentía que lo abandonaba para evitar una vida difícil y complicada para mí. Sentía que lo traicionaba.

CARLOS MALATESTA | ¡FELIZ!

Y esa sensación de tristeza y frustración, de dolor y de culpabilidad me acompañó durante muchos años. Yo creo, de hecho, estoy convencido de que esa fue una de las razones por las cuales yo padecí de dos tumores cancerígenos. Sin embargo, gracias a ciertos ejercicios y experiencias que he vivido, he podido mirar esa misma situación desde una perspectiva diferente. Ahora yo sé que, en el fondo de mi corazón, cuando tomé la decisión, sabía que era la correcta.

Sabía que, de alguna manera, él había venido a mí para que yo tomara esa decisión en mi vida. Había venido a hacerme ese favor de ponerme frente a esa decisión tan difícil que, *a posteriori*, me ha hecho crecer tanto. Sé que esa decisión no la tomé de manera egoísta, la tomé de manera generosa para evitarle a él una vida de gran dificultad.

Mi pequeñito tenía decenas de tumores en el cerebro y un gran tumor en el corazón. Existía la posibilidad de que no llegara al final del embarazo y, de haber sobrevivido, iba a tener una discapacidad mental y física bastante avanzada. Iba a ser una vida muy difícil para él. La situación no cambió. Lo que cambió fue mi perspectiva, comprenderla, ver la misma situación desde otra posición.

No quité nada de esta situación, simplemente aumenté mi perspectiva para verla desde distintos ángulos, verla desde el cuerpo de mi pequeño, cómo iba a ser su vida, cómo iba a crecer, sentir esos años en el hospital en su lucha constante y,

152

sobre todo, sentir una certitud, una especie de sensación dentro de mi corazón que me hizo saber lo que tenía que hacer.

Tuve que abandonar mi resistencia y abandonar mi miedo a ser un mal padre, abandonar mi miedo a repetir los errores de mis padres y sentir que era lo justo en ese momento.

Toda esta experiencia con mi pequeñito Timothée me ha hecho el padre que soy hoy en día, un padre muy presente, cariñoso, cercano a sus hijos y que sabe el valor que tiene la vida, que sabe lo que significa perder a un hijo y el valor que tiene cada uno de ellos.

Soy afortunado por haber vivido esto y ahora mi pequeño se ha convertido en mi ángel de la guarda. Hablo de este tema, que es un tema muy profundo y sensible para mí, para que tú también puedas darte cuenta de que lo que buscamos no es escapar o ignorar la realidad, no es contar mi historia y repetirme que todo está bien, aunque dentro de mí, en lo profundo, sé que no lo está. El objetivo es, más bien, desarrollar más fuerza como ser humano, desarrollar la capacidad de enfrentar situaciones difíciles, tener recursos más efectivos, eficaces y más abundantes para poder seguir creciendo desde la humildad y la bondad, para tener un impacto cada vez más fuerte en la vida, en la humanidad, en el planeta Tierra. Crecer para dar aún más, para contribuir aún más.

La vida, continuamente, nos traerá dificultades, retos, que son misiones, que son obstáculos para que nosotros podamos crecer y fortalecer nuestros músculos de vida. Comprender el funcionamiento de la vida, te permite enfrentar estos retos con entusiasmo.

No vamos a evitar las emociones negativas, pero comprenderemos que esos estados negativos no nos ayudan a superar las dificultades, al contrario, nos impiden crecer, nos impiden vencer esa dificultad y salir fortalecidos de ella.

Yo no digo que cambiemos la tristeza por la alegría, pero puedo cambiar, por ejemplo, tristeza por curiosidad. Puedo cambiar tristeza por compasión, por sensibilidad, sentir por qué estoy triste. Sentir mi cuerpo, ver un atardecer de manera distinta, a la naturaleza de manera distinta. Aprovecharme de una situación que me pone triste y permitirme percibir sensaciones nuevas.

Puedo cambiar el enfado por curiosidad. Si me enojo porque alguien me empujó o me insultó, en vez de abandonarme al enfado y perder control sobre mis acciones, me puedo preguntar: "¡*Wow!*, me intriga saber por qué esta persona tuvo ese comportamiento".

Esa decisión de utilizar una emoción diferente me permite mantenerme en la isla del poder. Cuando yo me pregunto las razones que han llevado a otra persona a actuar como actuó, cuando me pregunto qué puedo hacer para mejorar la situación que estoy viviendo, caigo en cuenta de que estoy en la isla del poder, que yo tengo el control, que la situación está en mis manos, que puedo actuar y que no soy víctima de una situación externa.

Puedo utilizar mi melancolía para escribir poesía, para relacionarme con personas, para llamar a mi madre, a quien hace tiempo no llamo, y cada vez que hago esto, cada vez que tengo una situación difícil, una situación que me quita energía, yo la desplazo, yo la miro desde otras perspectivas e implemento una nueva estrategia que me permite moverme, actuar, aprovechar esa situación para construir algo alrededor de la creatividad, del crecimiento, de la comprensión. Cada vez que hago esto, utilizo un puente que me saca de ese estado negativo y me lleva a un estado positivo.

Los puentes son herramientas muy poderosas. Nos pueden ayudar en el día a día para mantener nuestra felicidad, como la frase que les presenté al principio del libro:

"No hay camino hacia la felicidad,
la felicidad es el camino".

Una frase que me frustró por años y que yo entendía, pero no lograba implementar cuando estaba enfadado. No podía forzarme a sentir alegría en una situación que era difícil, no podía forzarme a sentir alegría frente a un reto que me había dejado golpeado, lastimado o frente a una pérdida importante.

Los puentes fueron las herramientas que me permitieron vivir esa frase, vivir la felicidad como camino. Me permitieron cambiar mi estado y ahora sé que mi estado es fundamental, que un estado de empoderamiento es un estado de felicidad, un estado hermoso, con el que podemos ser seres humanos mejores, un hombre mejor o una mujer mejor, un padre o madre mejor.

Asumo el control de mi vida, tengo las herramientas y la infraestructura que me permiten avanzar hacia donde yo quiero avanzar y conseguir mis metas.

Asumo el control de mi vida, tengo las herramientas y la infraestructura que me permiten avanzar hacia donde yo quiero avanzar y conseguir mis metas y mis objetivos, no solamente profesionales y personales, sino de vida.

Pasemos a la acción
No quiero que solo leas, es fundamental que también apliques estas cosas, así que aquí van los deberes.

- La primera cosa que haremos será una tormenta de ideas: párate, salta un poco, escucha una canción que te guste, mueve tu cuerpo y actívate para tener un estado fuerte, un estado de animación, de creatividad.

- Cuando estés a tope, siéntate y escribe cuáles son tus puentes, los diarios, los semanales, los mensuales, los anuales. Cuáles son las herramientas, las estrategias que has usado en tu vida que son eficaces para ayudarte a salir de un estado negativo y ponerte en un estado positivo. Por ejemplo, escuchar música, salir con tus amigos, hacer un ayuno, un viaje... Escribe al menos diez puentes diarios, diez semanales o mensuales y cinco anuales.

- Una vez que ya tengas tus puentes, vamos a programarlos en tu semana. Decide cuáles harás de manera periódica, es decir, los que harás todos los días, cuáles harás una o varias veces a la semana, cuáles harás una o varias veces al mes y cuáles harás una o varias veces al año.

- Y una vez que tengas esto, cierra los ojos. Haz una meditación. Vive, visualiza los últimos doce meses de tu vida. La última semana, el último mes, vive en tus recuerdos los últimos años de tu vida. Rememora todas las dificultades que has vivido, los retos que has tenido, los momentos en que las cosas fueron realmente difíciles. Los momentos en que lloraste, tus momentos de tristeza. Esos momentos en que perdiste el control y te equivocaste. Vive esos momentos. Vuelve a sentirlos. Vívelos de la manera más presente posible. ¿Cuáles eran los colores? ¿Con quién estabas? ¿Cómo te sentías? Siente esa sensación en tu cuerpo. Vuelve al presente y proyéctate hacia el futuro. ¿Qué va a pasar si no cambias las cosas? ¿Qué va a pasar contigo? ¿Cuáles serán las consecuencias a sufrir por no tener un estado de empoderamiento más fuerte? ¿Qué va

157

a pasar con tu familia si sigues débil, flojo, colérico, mie-
doso, paralizado? ¿Qué va a pasar con tus hijos, con tu
pareja, con tus relaciones? ¿Qué va a pasar con tu carrera
profesional? ¿Qué va a pasar con tu cuerpo, con tu salud?
¿Dónde estarás en diez años si no haces nada al respecto?
¿En dónde estarás dentro de diez años si no eres capaz
de construir los puentes que te llevarán hacia un estado
en el que todo es posible? ¿Qué estás dispuesto a hacer
para evitar estas consecuencias? Escribe lo que viviste en
el pasado, y lo que vivirás en tu futuro si no logras un
cambio. Escribe cuáles serán las consecuencias y escribe
sobre todo lo que estás dispuesto a hacer para evitar que
tu vida sea eso, que se transforme en eso. Una vez que
hayas hecho este ejercicio, revisa una vez más tus puentes.
Revisa y decide con contundencia cuáles son los puentes
que usarás, cuándo los aplicarás, cómo lo harás, y con
qué objetivo. A partir de este momento de tu vida, jamás
volverás a ser la misma persona.

PUENTES DIARIOS

1. _____
_____
_____

2. _____
_____
_____

3. _____
_____
_____

4. _____
_____
_____

5. _____
_____
_____

6. _____
_____
_____

7. _____
_____
_____

8. _____
_____
_____

9. _____

_____

_____

10. _____

_____

_____

Puentes semanales o mensuales

1. _____

_____

_____

2. _____

_____

_____

3. _____

_____

_____

4. _____

_____

_____

5. _____

_____

_____

6. _____

_____

_____

7. _____

_____

_____

8. _____
   _____
   _____

9. _____
   _____
   _____

10. _____
    _____
    _____
    _____

Puentes anuales

1. _____
_____
_____

2. _____
_____
_____

3. _____
_____
_____

4. _____
_____
_____

5. _____
_____
_____

VIVENCIAS DEL PASADO

_____

_____

_____

_____

_____

_____

_____

_____

_____

_____

_____

_____

_____

_____

_____

Consecuencias si no cambio

_____

_____

_____

_____

_____

_____

_____

_____

_____

_____

_____

_____

_____

_____

_____

¿Qué estoy dispuesto a hacer?

_____

_____

_____

_____

_____

_____

_____

_____

_____

_____

_____

_____

_____

_____

CAPÍTULO VII

Los hábitos alimenticios

*Aquellos que piensan que no tienen tiempo
para una alimentación saludable tarde o temprano encontrarán
tiempo para la enfermedad.*

EDWARD STANLEY

Has pensado en la importancia que tiene lo que comes a diario en tu nivel de energía y salud?, ¿has pensado cómo tus hábitos alimenticios afectan tu capacidad de enfrentar la vida de manera dinámica, o afectan tu motivación, tus ganas de hacer las cosas?, ¿has pensado en la importancia que tiene tu sistema de alimentación en la consecución de esos objetivos de vida que tienes para cada día?, ¿crees que hay alguna relación entre tu manera de alimentarte, tu manera de vivir y tus resultados?

¡Claro que sí! Además de ser lógico e intuitivo, es un tema comprobado por la ciencia desde hace mucho tiempo. Ya en el siglo XVIII Lavoisier, considerado el "Padre de la Nutrición"[2], estudiaba los procesos de combustión de los alimentos, así como la respiración celular. Su trabajo comenzó a definir la importancia de la alimentación para la vida de las células, que son las unidades más pequeñas que pueden vivir por sí solas y que forman todos los organismos vivos y los tejidos del cuerpo.

Entonces, la alimentación, junto con la respiración, son la fuente de energía de mi organismo y tienen un impacto directo en mi manera de vivir y en mi capacidad para hacer frente a la vida, a mis retos y a mis objetivos.

---

2 Mónica López T., "Fundamentos Humanos E Históricos De La Nutrición Clínica". *Revista De Nutrición Clínica Y Metabolismo.* 2020; 3(2): 95-100. Https://Doi.org/10.35454/Rncm.v3n2.160

Pero, si la relación entre alimentación y calidad de vida es conocida desde hace tanto tiempo, ¿cómo es que somos tan poco cuidadosos en nuestra manera de alimentarnos?

Yo crecí en nuestra cultura moderna, en una cultura familiar que consideraba a la comida como una recompensa. Aunque, la dieta central de la familia era comida casera equilibrada, comer una *pizza* era casi lo mejor que nos podía pasar. Hamburguesas, perros calientes, cualquier comida rápida era recibida con mucha felicidad. La Coca-Cola era casi idolatrada. En casa no la tomábamos mucho, pero cuando lo hacíamos era considerada como una celebración.

El azúcar, por supuesto, tenía un lugar preferencial. El chocolate, sin discusión, era el rey en la casa. Durante muchísimos años, cuando contaba con escasos recursos económicos, no tenía la posibilidad de comer muchos chocolates y mucho menos comida rápida. Sin embargo, cuando podíamos permitírnoslo lo festejábamos. Hoy en día podría decir que tuve la suerte durante años de no tener los recursos para permitirme esos lujos poco saludables.

Cuando empecé a trabajar y a tener más recursos, empecé a comer más y más en locales de comida rápida y en restaurantes. También empecé a comprarme chocolates, golosinas, refrescos. Logré, gracias a mi desarrollo económico, "regalarme" todas esas recompensas, esos premios en forma de bocados.

Con el paso de los años y gracias a mi crecimiento económico, tomé el hábito de ir regularmente a restaurantes y a terminar mis comidas con digestivos como *whisky*, coñac, ron, etc., en una época ¡hasta fumaba habanos! Esa manera de "disfrutar" de la vida, finalmente terminó en un tumor cancerígeno y luego en una recaída. Cáncer en etapa tres, producto de mis bellas y grandes celebraciones con las que buscaba equilibrar mi esfuerzo, mi trabajo y mi intención para lograr los objetivos que quería.

Hoy en día sé que esa enfermedad fue un regalo de la vida para mí. Me obligó a despertarme, a investigar y a obsesionarme con la búsqueda de lo que fuera que me permitiera recuperar mi salud. Durante ese proceso descubrí rápidamente la importancia de la alimentación, de mi estructura alimentaria y de mi estilo de vida en el desarrollo del cáncer, empezando por su consentida, el azúcar, principal alimento de los tumores. Hoy está más que demostrada la relación entre el azúcar (glucosa) y el cáncer. Si hay abundancia de glucosa en la sangre, los tumores están bien alimentados y se desarrollan con facilidad. En el caso contrario, su desarrollo se limita, pudiendo llegar a morir por falta de alimento.

Es importante saber que la glucosa no viene solamente del azúcar, sino de todo alimento que pueda elevar el nivel de azúcar (glucosa) en la sangre. El índice glucémico (IG) es la medida de la rapidez con la que un alimento puede elevar el nivel de azúcar en la sangre, por lo que para mí se hizo indispensable conocer el IG de los alimentos que formaban parte de mi dieta.

En este proceso, tuve que reevaluar lo que significaba la alimentación para mí y, sobre todo, mi definición de lo que es "comer bien". En mi caso, comer bien significaba comer muchas de las cosas que me gustaban y que generaban una gran sensación en mi paladar. Además, era comer hasta que no entrara ni un miligramo más de alimento en mi estómago, hasta echarme para atrás en la silla, agarrándome la panza con las dos manos, con la respiración entrecortada y poder decir ¡qué bien que he comido!

Luego de alimentarme de esta manera, como puedes imaginar, mi nivel de energía no era muy alto. Normalmente lo que venía después de eso era una siesta de dos horas, o una *casi siesta*, porque me recostaba a ver televisión o me tiraba en el sofá, sin mover mucho mi cuerpo y sin hacer nada que demandara demasiada energía. Toda mi energía era requerida para intentar digerir las montañas de comida que había introducido a mi estómago.

Hoy en día, mi definición de "comer bien" es bien diferente. Para mí, decidir si comí bien o no, no incluye solamente el momento en el que tengo la sensación del sabor de los alimentos en mi boca, sino también las cuatro horas siguientes.

Si yo como de una manera que me produce dolor de estómago, acidez, fatiga o baja energía, entonces, sin duda no he comido bien y me digo: "¡Qué mal he comido, mira el estado en el que estoy!". Sin embargo, sin dejar de apreciar el placer gustativo de los alimentos y de comer las cosas que son agradables tanto a la vista como al paladar, la cantidad y la calidad de los alimentos que ingiero son una parte fundamental de la fórmula. Durante las horas que siguen a la comida, mi nivel de energía va a decidir si finalmente he comido bien.

Si he comido algo agradable al paladar, que luego me deja con energía y si siento que cada vez me produce más salud y más vitalidad, entonces sí que he comido bien. ¿Ves la diferencia?

Hay muchísimas fuentes que indican distintos estilos y estructuras alimentarias. A mí me gusta mucho la dieta alcalina, que viene en oposición a una dieta ácida. Las comidas que producen acidez metabólica, puedes imaginarte cuales son: grasas, carnes rojas, carnes de todo tipo, charcutería, quesos, productos lácteos, el café, el alcohol. Pero ¿cuáles son los alimentos alcalinos que quitan esa acidez? Las frutas, verduras, vegetales y granos. Esto no significa que tengamos que tener una dieta cien por ciento vegetariana. Pero quizás sí una que sea baja en proteínas animales y alimentos ácidos. Desde mi experiencia y mi punto de vista, es mucho mejor.

A continuación, te presento cuatro reglas para llevar una dieta alcalina, indicando los alimentos a favorecer, aquellos a evitar y algunos consejos para poder tener salud en tu cuerpo, energía en tu vida y así poder lograr los objetivos que quieras.

LAS CUATRO REGLAS DE UNA ALIMENTACIÓN ALCALINA

1. Alimentos ideales que alcalinizan tu PH y que te dan vida: almendras, zanahorias, dátiles, aguacates, limones, limas, cocos, apio, pepinos, coliflor, coles de Bruselas, espárragos, judías verdes, brócoli, pimentón (verde, rojo y amarillo), cebollas, ajos, rábanos, verduras de hoja verde, pasto de trigo, repollo, nueces, tofu, frijoles de lima, espinacas, nabos, remolachas, melones, mangos, papaya, higos, melón, sandía, perejil, brotes de alfalfa, frijoles blancos y nueces, entre otros.

2. Alimentos que se deben evitar, ácidos y desprovistos de vida (limitar a 20 % de tu dieta): cerdo, ternera, pescado de agua dulce, carne de res, pollo o pavo, huevos, camarones, langosta, ostras, perros calientes, pan integral y de centeno, arroz blanco, harina blanca, pan de maíz, azúcar refinada, queso, leche, crema agria, yogur, mantequilla, margarina, champiñones, maní, café, té, vino, cerveza.

3. Completa tu dieta con complementos vegetales y superalimentos.

4. ¡Mantén lo simple!: exprime un limón fresco en un vaso de agua todos los días. Incluye verduras en tu dieta todos los días: ¡el pasto de trigo es una excelente fuente!

LA OBESIDAD

Si soy obeso, si tengo sobrepeso, necesito utilizar muchísima energía para moverme y respirar. La digestión es uno de los procesos que consume más energía en el cuerpo humano y si como en exceso esas comidas pesadas, acidificantes, estaría utilizando mi vida, mi energía vital, simplemente para alimentarme.

En América Latina, en España, en los pueblos de habla hispana, el problema de obesidad es bastante serio. Es un problema de salud pública que avanza muy rápido y que se incrementa exponencialmente, gracias a esta cultura de la celebración de la abundancia de la comida, de comer hasta no poder más, de comer muchas veces al día, de tener a disposición de manera permanente a la comida chatarra o procesada, chocolates, caramelos y refrescos.

Vemos cómo los niños tienen un consumo desmedido de bebidas gaseosas, de comidas congeladas que han perdido muchísimas de sus vitaminas hace ya mucho tiempo, antes de que sean calentadas, servidas e ingeridas. En parte gracias a la cultura de la flojera y de la simplicidad, pero también a la estructura de la sociedad actual, donde ambos padres trabajan y llegan a casa exhaustos, sin ganas de cocinar verduras ni de comer frutas, prefiriendo comida industrial que ya está preparada y con la que solo hace falta calentar y servir.

Vemos cómo se ha incrementado la ingesta de alimentos en restaurantes, gracias a las exigencias laborales. Trabajamos mucho

175

más, pasamos mucho tiempo fuera de la casa y tenemos que comer algo en la calle, porque es mucho más fácil que preparar comida en casa y llevarla en un recipiente plástico.

Tenemos que reflexionar y decidir qué es lo que queremos para nosotros, qué es lo que buscamos para nuestras vidas. Aceptar y reconocer el impacto de la alimentación. No quiero que interpretes que mi deseo es que tengas un cuerpo musculoso y delgado, que seas una modelo o un modelo. No quiero que respondas a ningún estándar social específico y nunca te voy a sugerir cómo debe ser tu cuerpo, eso lo decides tú. Lo que quiero es que tomes el control de lo que tú quieres para ti, desde el punto de vista de salud y energía.

La apariencia física no es para mí un tema primordial. Pero sí lo es tu salud y tu nivel de energía, me preocupa saber cómo te sientes, cuánta energía tienes para enfrentar tu vida y cómo puedes alimentarte de una manera efectiva, con alimentos que te acerquen a tus objetivos y que te den la fuerza y la energía necesaria. Si me levanto cada día por la mañana, y no tengo nada de energía, ¿cómo puedo cambiar mi vida?, ¿cómo puedo lograr objetivos ambiciosos si no puedo ni siquiera salir de la cama?

Tenemos que reflexionar y decidir qué es lo que queremos para nosotros, qué es lo que buscamos para nuestras vidas.

Lo que vamos a buscar y que es indispensable para ser un líder, para ser un hombre o una mujer de éxito, que quiere lograr lo que no ha logrado hasta hoy, es tomar control consciente de tu manera de alimentarte y buscar las soluciones que mejor te convengan. Quiero que tú incluyas en tu vida, con rigor y disciplina, lo que más te funciona, para que logres todo lo que quieras lograr.

Toma el control de tu vida, toma el control de tu alimentación y sé consciente de la importancia de esa fuente de vitaminas, minerales y oligoelementos, entre otros. El control de tu alimentación tiene que ser parte de los objetivos de tu vida.

En este apartado quiero tocar un tema difícil, un tema de gran dificultad para todo el pueblo de habla hispana en general, independientemente del país y del mundo en general. Es un tema que culturalmente ha producido estragos en nuestras naciones, en nuestra sociedad y es un tema que yo diría que es casi tabú para muchos de ustedes y para mí mismo en ciertas épocas. Es un tema que produce muchísimas susceptibilidades y que, probablemente, hará que algunos de ustedes se enfaden conmigo y dejen de leer este libro o que al menos se salten este capítulo.

Así que lo voy a abordar con mucho cuidado y con la sensibilidad que creo se merece. Ya debes imaginarte a qué me estoy refiriendo. Quisiera hablarte del alcohol. El alcohol en nuestras culturas, en nuestras vidas, tiene un rol enorme y una presencia inmensa.

La gran mayoría de nosotros ingerimos bebidas alcohólicas de manera frecuente y muchos de nosotros lo hacemos en exceso. ¿Qué es lo que llamo yo en exceso? Es muy sencillo, me refiero a una cantidad suficiente para tener un impacto negativo sobre tu salud y sobre tu nivel de energía diario, semanal, mensual y anual.

Si mi ingesta de alcohol no tiene ningún impacto negativo en mi salud, ni en mi nivel de energía, estoy ingiriendo una cantidad que mi cuerpo puede asimilar sin necesidad de invertir energía en exceso y que puede ser compatible con mis objetivos de crecimiento y de mejora de la calidad de vida.

En mi caso, durante muchos años, pensé que el alcohol era mi mejor amigo, porque en la adolescencia, gracias a él, dejaba de ser extremadamente tímido e inseguro de mí mismo. Cuando bebía alcohol, de manera mágica, podía hablar con mis amigos, con otras personas, podía hablar con una chica, contar chistes y ser parte de un proceso social del que yo me sentía excluido por mi inseguridad y mi baja autoconfianza.

El alcohol me abrió a la sociedad y me ayudó muchísimo en esos momentos, en ausencia de un método más efectivo para poder desarrollar una vida social activa.

Muchos de mis amigos de hoy en día están relacionados con el alcohol, son aquellos con los que me reunía para tomar hasta embriagarnos. Tengo otros amigos que he conocido en otras circunstancias y cuando los veo hago otras cosas. Son amigos con quienes hago deporte, yoga, hablo de espiritualidad, de proyectos de vida, amigos con los que hago actividades deportivas, con los que trabajo o con quienes estudio.

Una vez, mi amigo Alejandro Vers me dijo una frase que me impactó. Aunque lo conocí en la universidad, nos hicimos muy buenos amigos alrededor de unas cervezas y una botella de ron. Muchos años más tarde, cuando ya vivía en España y trabajaba como ingeniero, Alejandro me dijo: "Carlos, me sorprende todo lo que has podido lograr en tu vida hasta ahora. ¿Te imaginas de lo que serías capaz si dejaras de beber alcohol?".

Esa frase me impactó muchísimo y me hizo reflexionar sobre la marca que tenía el alcohol en mi vida. El lado positivo ya lo conocía, la pérdida de la timidez crónica que padecía. Eso era bastante bueno para mí. El lado negativo lo había limitado a un poco de dolor de cabeza y estómago al día siguiente y a uno o dos eventos al año en los que, consecuencia del exceso, me metía en algún lío, me peleaba con algún amigo o cometía una burrada de las que me arrepentía sistemáticamente al día siguiente.

El cáncer también vino a jugar un rol fundamental con mi ingesta de alcohol, pues la relación que tiene con los licores es directa y está demostrada científicamente. Hoy en día les digo que yo escogí vivir sobre beber. Desde el primer año, después de mi segundo cáncer, decidí que tenía que ser radical y resolví ir a fondo con los cambios que tenía que realizar, si quería seguir vivo.

Los primeros años luego del cáncer, prácticamente no bebí nada de alcohol. Al principio fue muy difícil para mí, por el impacto social que tuvo en mi relación con mis amigos, aquellos con quienes iba a comer y beber. En mi vida, aunque a medida que fui creciendo en años, las noches de bares y música fueron reemplazadas por cenas copiosas entre amigos, el alcohol siempre fue un denominador común. Y, al día siguiente, cuando mis hijos querían jugar conmigo, yo descansaba, dormía o estaba un poco zombi, intentando reducir la interacción con ellos al mínimo, pues no tenía energía suficiente para otra cosa que no fuera recuperarme.

Aun hoy en día, mantengo una lucha activa, una búsqueda de equilibrio entre esa tensión que me lleva al exceso y el placer de poder disfrutar de una cerveza en una terraza bajo el sol con unos amigos o de una buena copa de vino, de esos tan deliciosos que hay en Francia, en España o en Italia. Mi vara de medir, mi límite, es aquel en el que empieza a haber un impacto en mi salud y mi energía para vivir la vida.

Invito con muchísimo cariño a que reflexiones contigo mismo y que busques la solución que te convenga más a ti, la que sientas que puede llevar hacia un equilibrio que anime tu futuro.

Si esta situación te resulta conocida, te invito a reflexionar sobre las siguientes preguntas: ¿cuántos días de tu vida quieres invertir en la digestión de todo el alcohol que ingresa a tu organismo? ¿Cuánta vida estás dispuesto a perder para tener una noche de juerga? La respuesta te pertenece a ti. Es tuya, es personal. Te invito con muchísimo cariño a que reflexiones contigo mismo y que busques la solución que te convenga más a ti, la que sientas que puede llevar hacia un equilibrio que anime tu futuro.

Yo comparto con ustedes el trabajo personal que he hecho y las decisiones que he tomado en mi vida para que, quizás, les puedan servir de guía. En mi caso, una de mis inspiraciones fue el doctor David Servan-Schreiber, un médico investigador francés que vivió en Estados Unidos y que padeció un cáncer cerebral, por el que sus médicos le predijeron un máximo de dos meses de vida. Él logró vivir diecisiete años más. Y lo logró gracias a un cambio radical en sus hábitos alimenticios, sin el cual hubiera muerto tal como se lo predijeron.

En muchas de sus recomendaciones, Servan-Schreiber indica la necesidad de eliminar completamente el consumo de alcohol, por ser una sustancia que favorece el desarrollo del cáncer. El profesor Henri Joyeux, cancerólogo eminente, exdirector del Centro de Tratamiento de Cáncer de Montpellier y hoy en día conferencista, hace una distinción y dice que una copa de vino al día durante las comidas tiene un impacto leve y no está asociado en principio con el desarrollo del cáncer.

Distintas personas con las que yo he conversado me han dado un poco más de flexibilidad. Dos copas de vino o dos cervezas al día. Aunque esa trampita de acumularlas no funciona. No creas que, no beber ninguna copa de lunes a viernes, te dará licencia para tomarte el sábado las doce cervezas que no tomaste entre semana, así no funciona, pues el impacto del alcohol depende de la cantidad de licor que bebes por hora, es decir, no solo cuánto bebo, sino también qué tan rápido lo hago. Por esto, una copa de vino al día, aunque beba todos los días, no tiene un impacto nocivo en la salud. Mientras que tomarme una botella entera el sábado por la noche sí que lo tiene, aunque la cantidad total en una semana sea menor.

En mi caso, busco dar preferencia a la calidad sobre la cantidad. Mi objetivo es limitar la cantidad total de alcohol que ingiero, así como la velocidad con la que lo bebo. De este modo, eliminé de mi dieta todos los alcoholes fuertes como el ron, el *whisky*, el coñac y el tequila, que aunque me gustaban mucho y los disfrutaba, tienen un grado alcohólico elevado, por lo que su consumo es más nocivo que el del vino o la cerveza, que tienen un grado alcohólico más bajo. Las cervezas las limito principalmente al verano, cuando hace calor y me tomo solo unas pocas. El vino es el alcohol que me permito beber de manera frecuente, intentando dar preferencia a los vinos biológicos. Prefiero consentirme y darme gusto con buen vino de buena calidad y tomármelo lentamente sintiendo su sabor en el paladar, disfrutando de la experiencia.

En todos mis años de pasión por el alcohol, gracias a Dios, no llegué a tener una ingesta tan elevada que pudiera traer peores consecuencias en mi vida. Nunca bebí todos los días, nunca estuve borracho todos los días, pero sí bebía mucho licor los fines de semana y uno que otro día de la semana. En general, bebía mucho más de lo que hubiese querido. La inercia de todos esos años y esas innumerables asociaciones del alcohol con momentos de alegría, les debo confesar que producen que, aún hoy en día, mantenga una batalla activa y dinámica para evitar volver a caer en el exceso.

Encontrarme con mis amigos de la infancia siempre me trae ese deseo de pegarme una borrachera junto a ellos, por los buenos tiempos. También en los restaurantes o en las ocasiones especiales y en las fiestas más aún. Sigue existiendo algo activo dentro de mí que quiere salir y tomarse una copa más, o dos o tres...

Esa fuerza y la presencia de este riesgo del vicio del alcohol, me acompaña en permanencia y me hace trabajar mi fuerza de voluntad. Me invita a poner en práctica mis estrategias de poder y a seguir trabajando conmigo mismo.

Yo escojo verlo como un regalo de Dios para mantenerme siempre despierto, para ayudarme a comprender que es importante trabajar cada día, reforzar mi voluntad cada día. Trabajar mi espíritu, mis emociones y mi mente. Es parte del proceso que me ha convertido en el hombre que soy hoy, en el hombre que quiero ser. Y no solo para mí, sino también para mis hijos.

Yo vengo de una familia que ha tenido problemas con el alcohol. Mi padre, mi abuelo y mi madre, todos han bebido y han tenido el alcohol muy presente en sus vidas. Yo crecí en ese ambiente y en la sociedad venezolana, en la que ingerir alcohol en cantidades excesivas es la norma. El alcohol en mi familia era apreciado, compartido y festejado. Yo quiero cortar esa tendencia con mis hijos, trabajo para que nunca tengan que vivir una batalla contra el alcohol, como la que han vivido sus ancestros.

Espero que mi testimonio te sea útil para abordar este difícil tema, este reto familiar y para que esas tendencias lleguen a un fin y que tus hijos puedan vivir otra realidad.

Si ellos crecen en la cultura de la celebración del alcohol, el alcohol será parte de sus vidas. Si ellos crecen en una cultura de la celebración de la vida, de la energía y del crecimiento personal, espiritual y mental, su vida será una fiesta permanente.

LOS TIPOS DE ACTIVIDAD

Para poder transformar las adicciones, como la adicción al tabaco, al alcohol, a la comida, al azúcar, a los carbohidratos, inclusive al café y otras bebidas, todos productos acidificantes del metabolismo, les voy a hablar sobre los *tipos de actividades* y el impacto que pueden tener en sus vidas.

Empecemos por hablar de las actividades de la *categoría uno* o tipo uno: cuando hablo de estas actividades, me refiero a aquellas que son agradables en el momento y que son buenas a largo plazo, tanto para mí como para los demás y, en general, para la humanidad.

184

Por ejemplo, en mi caso, la práctica del yoga es una actividad de tipo uno pues, se siente bien en el momento y es buena a largo plazo tanto para mí como para los demás. Me da energía y me pone en un buen estado de ánimo. Mis interacciones con los demás son mejores, me da mucha fuerza para tener una mejor contribución en el mundo y en la vida, por lo cual, es buena en general para la humanidad.

Las actividades de *categoría dos*: son aquellas que no son agradables en el momento, pero sí que son buena para mí y, además, son buenas para los demás, y, en general para la humanidad. Un ejemplo de una actividad tipo 2 sería hacer deportes o reducir mi ingesta de alcohol o comer más sano. Puede ser que no sean agradables en el momento, sobre todo hasta que logres crear el hábito, pero son buenas para mí en el corto y en el largo plazo. Además, producen efectos positivos en mí y en mis relaciones con los demás, en mi capacidad de impactar en el mundo, por ende, son buenas también para la humanidad.

Las actividades de *categoría tres*: son aquellas que son agradables en el momento, pero no son buenas para ti y, en el medio y largo plazo, no son buenas para los demás, ni tampoco para la humanidad. El ejemplo más preciso y más claro son las drogas, aunque puedan generar placer y tranquilidad, para algunos, en el momento, a medio o largo plazo, no son buenas para ti y son malas también para los demás. Está más que demostrado que las drogas reducen la capacidad de tener un impacto positivo en el mundo, por lo cual son malas asimismo para la humanidad.

Finalmente, están las actividades de *categoría cuatro*: aquellas que no son buenas para mí, que no son agradables en el momento y que, además, no son buenas ni para los demás ni para la humanidad. Te preguntarás ¿cómo es posible que exista esta categoría? Un ejemplo de este tipo es la violencia. No es agradable en el corto plazo, ni es buena a largo plazo, ni es buena para los demás, ni para la humanidad, pero de alguna manera, ciertos comportamientos y ciertos estados psicológicos hacen que quien la practique, repita ese tipo de actividad.

Todas las cosas que hago en mi vida las puedo clasificar en estas cuatro categorías. La categoría uno es fantástica, no tiene ningún problema, es agradable de hacer y es bueno para ti. Las de tipo cuatro, debo eliminarlas rápidamente, pues no aportan nada positivo. El secreto de la vida yace en las tipo dos y las tipo tres. Las de tipo tres son las más peligrosas, pues me destruyen poco a poco y, como son agradables a corto plazo, son difíciles de eliminar.

Por otro lado, las de categoría dos las puedo comenzar a apreciar muchísimo más, hasta transformarlas en actividades de categoría uno. De este modo, debo trabajar para eliminar las actividades de categoría cuatro, sustituir las tipo tres por otras de tipo dos y, finalmente, transformar las tipo dos en actividades de tipo uno.

¿Cómo lograrlo? Aunque se trate de actividades que pueden no ser agradables en el corto plazo, como hacer ejercicios para el que no le gusta, o trabajar en una actividad difícil pero que me va a financiar oportunidades, afinar mi dieta o afinar mi ingesta de alcohol, en el fondo, son muy buenas en el largo plazo y eso es una inversión muy rentable. El secreto es simplemente buscar estrategias que me permitan apreciarlas más y disfrutarlas cada vez más. Por ejemplo, si para ti hacer deporte es una actividad de categoría dos, tienes que pensar en qué hacer para que esta actividad se transforme en categoría uno, es decir, qué podrías hacer para poder disfrutar del deporte. Tu misión es estructurar tu actividad deportiva de una manera que sea tan agradable, que no puedas evitar hacerlo.

Uno de los errores más comunes en las personas que hacen muy poco deporte es que cuando lo hacen, lo hacen casi como un autocastigo. Un día se despiertan y se sienten hartos de tanta fatiga y sobrepeso, de tener un cuerpo lento, pesado y con baja energía, y deciden finalmente ponerse a hacer ejercicios. Entonces, se lanzan a hacer en dos horas de ejercicios intensos o a correr diez kilómetros, lo que no hicieron durante meses. Luego les duele todo, están exhaustos y se sienten peor que al principio y se dicen: "Bueno, finalmente el deporte no es para mí".

Para lograr buenos resultados, hay que buscar actividades deportivas que te resulten agradables, que puedas hacer con amigos, quizás en un club, rodeado de naturaleza, en un buen ambiente y, sobre todo, que puedas practicar de forma gradual. Las caminatas son una de las mejores maneras de iniciar una práctica deportiva. Un paso vivo de treinta minutos durante el día es suficiente para oxigenar la sangre, activar el corazón y empezar un camino hacia la recuperación de la energía.

A este respecto, los invito a leer el libro de Stu Mittleman , *Slow Burn*, y a descubrir el trabajo que ha hecho sobre cómo tomar control del cuerpo y vivir una vida llena de energía. Lo que me resulta más interesante de su trabajo es que su objetivo no es lograr proezas, ni tener muchos músculos, ni bajar tanto de peso, el objetivo es obtener salud y energía para disfrutar la vida.

¿Cómo puedo adecuar mi práctica deportiva para tener los objetivos que yo realmente quiero? Si yo quiero ser modelo y aparecer en las revistas, pues tendré que tener una práctica que me permita alcanzar ese resultado. Si realmente esto es el sueño de mi vida, si es lo que realmente quiero para mí, debo hacer los sacrificios necesarios para poder obtenerlo, aunque sea doloroso, aunque sea incómodo, aunque me impida hacer otras actividades que me gustan mucho. De hecho, debo trabajar para que eso que suena a categoría dos, se transforme en categoría uno, para poder disfrutar y apreciar el seguimiento de mi dieta y de mi actividad física. Para mí, ese no es el caso. Yo lo que busco es salud y energía y no ser musculoso, ni tener los abdominales cuadraditos.

Pero volvamos a las categorías tres y cuatro. Como estamos comprendiendo, si en el medio o largo plazo estas actividades son malas para mí, si en el fondo no son buenas para mí, tengo que reconocerlas como lo que son y tengo que dejar de hacerlas.

Es muy importante saber que si yo quiero cambiar un hábito, solamente necesito noventa días. Noventa días son el tiempo suficiente para lograr la proeza. Si yo soy capaz de mantener un esfuerzo con mi voluntad durante esos noventa días, el hábito negativo desaparecerá y, a partir de ese momento, me resultará muchísimo más fácil sostenerlo. Va a ser duro durante ese tiempo, pero una vez alcanzada la meta, mantener el nuevo hábito será mucho más sencillo.

Hay una distinción indispensable a integrar cuando decidas cambiar un hábito negativo, una actividad de categoría tres o una de categoría cuatro. Cuando decido cambiar un hábito establecido, inmediatamente tengo que sustituirlo por una actividad de categoría uno o dos que satisfaga las mismas necesidades que estaban siendo satisfechas por ese vicio o esa categoría negativa. Por ejemplo, si utilizo el alcohol para tener una vida social activa, y así satisfacer mi necesidad de comunicación y contacto con otras personas, tengo que buscar otra actividad de categoría uno o dos que me permita también tener esa vida social activa, que en el fondo es lo que quiero.

En mi caso, cambié mis salidas sociales relacionadas con la comida y el alcohol, por un club de yoga donde, no solo hacemos yoga, sino que nos reunimos para hablar de la vida, de la espiritualidad y de cómo aplicar la práctica del yoga en nuestro día a día. En mi club, tengo una enorme sensación de contacto, de comunicación y de amor. Una vida social fantástica, con un grupo de personas espectaculares. Cuando estoy con mi grupo de yoga no necesito ir a comer ni a beber con nadie. Mi necesidad de contacto social está plenamente satisfecha.

En este trabajo es muy importante tomar consciencia de las cuatro necesidades básicas del ser humano. Estas necesidades que todos tenemos, independientemente de la edad y la cultura, estamos obligados a satisfacerlas y vamos a intentar lograrlo ya sea de manera consciente o inconsciente. Si no logramos satisfacerlas de manera positiva, las vamos a satisfacer de manera negativa. A ti te corresponde identificar tus actividades negativas y ver qué necesidades están satisfaciendo, para poder cambiarlas por actividades positivas.

Veamos en detalle las cuatro necesidades básicas del ser humano:

Primero que nada, el ser humano tiene la necesidad de seguridad y de estabilidad. La puedes satisfacer, por ejemplo, siendo ahorrativo o, manteniendo un trabajo que no te gusta, porque te genera un buen sueldo fijo.

Luego está la necesidad de importancia personal, que es la necesidad de sentir que tu vida es importante para ti y para los demás en el mundo. Una actividad positiva de importancia personal es invertir tiempo en ayudar a los demás e ir, por ejemplo, a una asociación para ayudar ancianos, niños o personas con discapacidad.

Una manera negativa de satisfacer esa necesidad es alimentando tu ego, intentando ser mejor que los demás y tratando de tener un impacto negativo en los demás para que no sean mejores que tú.

190

La tercera es la necesidad de conexión con las otras personas, de amar y sentirse amado. Una manera negativa de alimentar esa necesidad es aparentar, mintiendo y fingiendo ser quien no eres para ser aceptado en un grupo. Una manera positiva es tomar la decisión de dar amor, de amar y de conectar, de ser generoso con tu tiempo, con tu vida, sin esperar nada a cambio. Alimentar el amor por tu familia, por tu esposa o tu pareja.

La otra necesidad es la de la variedad, de disfrutar la aventura, de hacer o tener cosas distintas. Una manera negativa de tener variedad es, por ejemplo, el alcohol o las drogas que van a traer aventura y cosas sorprendentes e inesperadas a tu vida, pero te van a destruir en el proceso. Una positiva es hacer viajes, aprender algo nuevo como un idioma o alguna cosa nueva que te interese.

Pasemos a la acción

Bueno, creo que ya es hora de pasar a lo serio, a las acciones que van a transformar tu vida.

- Lo primero que vas a hacer es tomar dos minutos para reflexionar acerca de tu manera de comer, tu manera de alimentarte. Decidir si estás satisfecho con ella o si piensas que hay ciertas cosas que podrías mejorar. Reflexiona sobre cómo lo harías.

- Una vez que hayas reflexionado sobre tu manera de alimentarte, me gustaría que identificaras las actividades de categoría uno o dos de tu vida, así como las de categoría tres y cuatro. Intenta ver tu manera de alimentarte y tu manera de utilizar el tiempo de ocio. Si haces deporte o no, tus estudios, tu trabajo. Debes hacer una lista de al menos diez o quince actividades principales de tu vida y clasificarlas en una de estas cuatro categorías.

- Felicítate por las actividades de categoría uno que tienes ya hoy en tu vida.

- Reflexiona durante tres minutos sobre qué puedes hacer para que tus actividades de categoría dos sean agradables para ti y puedan convertirse en actividades de categoría uno. Si una de ellas es la manera de alimentarte, cómo puedes lograr disfrutar de una alimentación sana y hacer que sea agradable y divertida. Si es el deporte, qué tipo de deporte podrías practicar, cuándo, de qué manera, con qué intensidad y duración para que lo disfrutes y pueda transformarse en categoría uno.

- En cuanto a tus actividades categoría tres y cuatro, reflexiona por cinco minutos sobre ellas y escribe: ¿qué va a pasar con tu vida, con tu familia, con tus hijos, con tus proyectos de seguir con esas actividades y esos hábitos? ¿Qué va a pasar dentro de cinco años? ¿Dónde vas a estar? ¿Qué impacto tendrán en tu vida? ¿Qué va a pasar dentro de diez años? ¿Dónde estarás dentro de veinte años, si es que aún vives? De seguir con esas actividades, ¿cuál será el impacto en tu organismo, en tu salud, en tu energía, en tus objetivos de vida? ¿Qué impacto tendrá en tus hijos, en tu pareja, en tu familia, en aquellos que dependen de ti?

- Finalmente, comprométete a hacer lo que sea necesario para poder salir de esas actividades de categoría tres y cuatro. Quiero que pienses durante dos minutos y que escribas cuáles son las actividades alternativas con las que puedes sustituir tus actividades categoría tres y cuatro. Que te den los mismos resultados, pero de una manera positiva. Que puedan satisfacer las necesidades cubiertas a día de hoy por las actividades categoría tres y cuatro, pero de una manera que sea positiva y duradera en el tiempo.

Así que ya tienes esas acciones fundamentales que van a transformar completamente tu vida. Te van a llenar de energía y de vitalidad.

¿Estás satisfecho con tu manera de alimentarte? ¿Qué puedes mejorar?

_____

_____

_____

_____

_____

_____

_____

Lista de 10 actividades de tu vida clasificadas por categorías: 1, 2, 3 y 4.

_____

_____

_____

_____

_____

_____

_____

¿Cómo transformar las actividades de categoría 2 en categoría 1?

_____

_____

_____

_____

_____

_____

_____

¿Qué pasará en mi vida si no cambio las actividades de categorías 3 y 4?

_____

_____

_____

_____

_____

_____

_____

_____

Lista de actividades alternativas para sustituir las tipo 3 y 4.

_____

_____

_____

CAPÍTULO VIII

Plan de vida

Planificar es traer el futuro al presente
para que puedas hacer algo al respecto ahora.

ALAN LAKEIN

Felicitaciones por haber llegado hasta aquí Has demostrado ser de aquellos que actúan y no de los que se quedan solo en palabras. Eres parte de ese 10 % de personas que compran un libro y que van más allá del primer capítulo.

Estás por comenzar a leer el último apartado de este ejemplar. ¿Has hecho todas las actividades? Desde que comenzaste a leer y a hacer los ejercicios, ¿has notado su impacto y los efectos positivos en tu vida?, ¿ya tienes una rutina de la mañana?, ¿has afinado tu alimentación?, ¿has trabajado en las meditaciones?, ¿has buscado la más adecuada para ti, la que te da más energía y equilibrio?, ¿identificaste tus puentes, esos que te permiten pasar de un estado de debilidad a un estado de empoderamiento?

Ya estás aquí, en el capítulo más importante. Vamos a diseñar tu nueva vida, vamos a entrar en detalle, a revisar las distintas áreas y ver tu nivel de progreso en cada una de ellas. Vamos a definir hasta dónde quieres llegar e implementar un plan de acción que te lleve adonde quieres ir.

Al hablar de áreas de la vida, quiero presentarte un concepto que me sedujo desde la primera vez que lo vi, el concepto de la rueda de la vida. La rueda de la vida nos muestra las distintas áreas de nuestra existencia para que podamos cuantificar y medir personalmente en qué nivel nos encontramos en cada una de ellas.

Esas áreas son:

• Estado físico: cuerpo-energía-salud.

• Estado emocional.

• Estado financiero y económico.

• Relaciones sociales: familia-trabajo-amigos.

• Proyección profesional.

• Vida espiritual.

En total, son seis categorías las que construyen la rueda de la vida. ¿Por qué es una rueda y no un hexágono u otra forma geométrica? La metáfora de la rueda me gusta mucho por dos razones: como puedes ver en la imagen, cada categoría la puedes medir en una escala de valores que parten desde el uno hasta el diez.

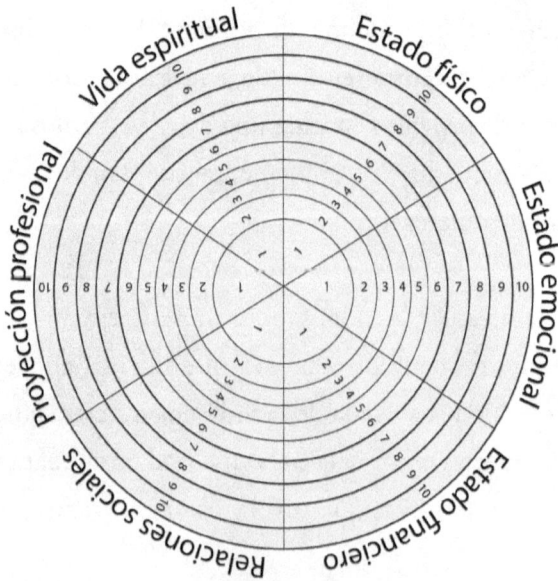

Imagen 1. Rueda de la vida

Hagamos este ejercicio. Vamos a evaluar nuestra vida en cada una de las seis categorías. Quiero que escribas las notas que te vas poniendo, siempre del uno al diez, directamente sobre el libro. ¡Empecemos!

Desde el punto de vista de salud física, en la escala del uno al diez: ¿en qué nivel te encuentras ahora mismo? No tienes que compararte con nadie, no tienes que relacionarte con ninguna otra persona, simplemente evalúate. ¿En qué nivel está tu cuerpo físico, tu salud?, ¿tienes el cuerpo que quieres?, ¿tienes el nivel de energía que quieres tener en tu cuerpo?, ¿estás completamente sano?, ¿en qué nivel te encuentras?

Nota estado físico: _____

Ahora, evalúa tu estado emocional, tu *mindset*, es decir, tu capacidad de concentrarte, la capacidad de controlar tus emociones, de utilizarlas para impulsarte hacia adelante.

Nota estado emocional: _____

Luego, en tus finanzas, ¿qué nota te asignas?, ¿ya has alcanzado la libertad financiera?, ¿dependes aún de tu trabajo para poder vivir?, ¿ganas el dinero que quisieras ganar y tienes el estilo de vida que quieres llevar? Al hablar de tus finanzas, no me refiero únicamente si tienes mucho o poco dinero, es tu estilo de vida, tu riqueza y tu libertad para hacer lo que quieres y vivir una vida plena, la vida que tú quieres vivir.

CARLOS MALATESTA | ¡FELIZ!

Nota estado financiero:_____

Luego, en tus relaciones sociales: el trato que tienes con tu pareja, con tus hijos, con tus amigos. Desde el punto de vista de relaciones, ¿cómo te sientes, estás en plenitud, lleno de alegría, de amor y de interacciones, conexiones poderosas y enriquecedoras?, ¿te sientes bien con tus hijos, pero mal con tu pareja?, ¿bien con tu familia, pero con dificultad de relacionarte afuera? o bien afuera, pero ¿con dificultades en tu familia? En una escala del uno al diez, ¿qué nota te colocas?

Nota relaciones sociales: _____

Luego vamos con tu proyección profesional. ¿Estás trabajando en la pasión de tu vida?, ¿estás haciendo las cosas por inercia?, ¿te levantas los lunes por la mañana con una gran sonrisa?, ¿te dispones a trabajar en lo que soñaste, lo que te apasiona?

Nota proyección profesional: _____

Y, finalmente, tu vida espiritual: ¿cómo te la imaginas?, ¿cómo la quieres?, ¿te sientes realizado espiritualmente?, ¿sientes que alimentas tu alma, tu espíritu, con la calidad de energía que se merece?, ¿te sientes en equilibrio, en balance contigo mismo?, ¿estás en paz con la vida?, ¿manejas bien lo que significa la vida y la muerte, tu preparación para esa fase de transformación?, ¿qué calificación te pondrías en una escala del uno al diez?

Nota vida espiritual: _____

Veamos ahora dos cosas que son muy interesantes: el tamaño y la forma. Al estudiar un poco de física y geometría entendemos que, mientras más grande es una rueda, más rápido podemos avanzar sobre ella, pues cada vuelta me permitirá avanzar una distancia mayor. Cuando tengo ruedas de patineta, que son ruedas chiquititas, solo puedo alcanzar cierta velocidad sobre ella y necesito mucho más esfuerzo para recorrer una gran distancia. De manera intuitiva, entendemos que, para ir mucho más rápido y más lejos, necesito ruedas más grandes, como, por ejemplo, las de una bicicleta o las de un vehículo.

De este modo, necesitamos desarrollar cada una de esas áreas y acercarnos lo más posible al diez de la escala, que es nuestro ideal. De este modo, tendremos una rueda más grande y, por ende, lograremos avanzar más rápido y llegar más lejos en nuestras vidas. En esta situación, el tamaño sí que importa.

Aparte del tamaño de la rueda, hay otro factor muy importante, su forma. Si yo tengo tres o cuatro áreas con una puntuación que ronda entre los ocho y diez puntos, pero tengo las otras dos o tres con una puntuación de tres o cuatro puntos, ¿qué forma tendrá mi rueda? Si marcáramos unos puntos sobre la escala y trazáramos una línea para unirlos, notaríamos que la forma de nuestra rueda no es equilibrada u homogénea, sino más bien irregular.

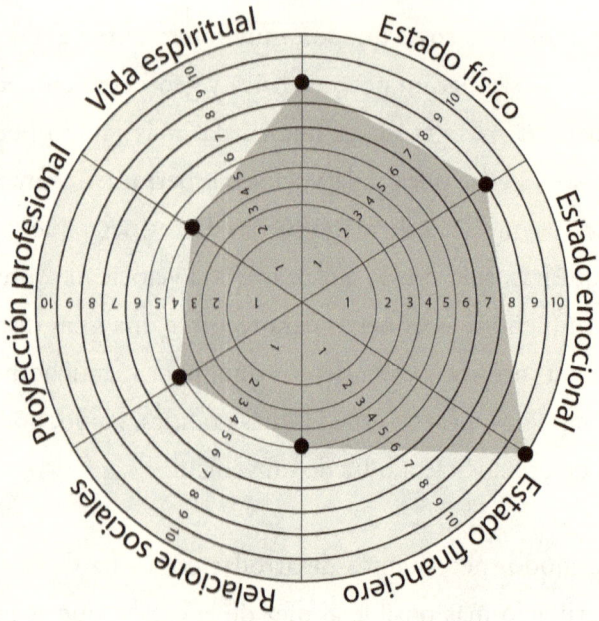

Imagen 2. Test de evaluación

Imagínate tener un vehículo en el que los neumáticos tuvieran esta forma. ¿Qué pasaría si yo muevo mi vehículo con los neumáticos en ese estado? Sería parecido a tener un pinchazo en cada uno de ellos, ¿podría avanzar en estas condiciones? Quizás sí, pero en general, tendría que ir despacio. ¿Qué pasaría si intentara acelerar? Si manejara mi vehículo con los neumáticos deformados a una velocidad de sesenta kilómetros por hora, ¿cuánto vibraría mi vehículo?, ¿qué pasaría si alcanzara una velocidad de 100 km/h?, ¿y qué pasaría si llegara a acelerar a una velocidad de 150 km/h? La vibración sería tal que algo terminaría por romperse.

Pues la vida es exactamente igual. Yo necesito que las distintas áreas de mi vida estén en equilibrio, desarrolladas uniformemente. Si utilizara todo mi tiempo y mi energía en el trabajo y descuidara mi vida personal, mis relaciones, seguramente terminaría teniendo problemas en casa. Tendría un enorme riesgo de perder a mis seres queridos, no me sentiría realizado y mucho menos en plenitud.

Si esta vez dedicara todo mi tiempo a mi vida personal y familiar y no dedicara tiempo suficiente para mi vida profesional, pues no tendría el progreso necesario en esa área y no sería, quizás, capaz de proveer para mi familia.

Si luego desarrollara con intensidad mi vida profesional, mi vida familiar, mis relaciones, pero no me ocupara de mis emociones, si no las trabajara, aun sabiendo que soy una persona colérica y que tengo momentos de explosión, seguramente en algún momento surgirían dificultades que me afectarían otras áreas.

Si tengo todas mis áreas desarrolladas, pero mis finanzas no están bien, en algún momento no podré hacer lo que yo quiera, o mi familia tendrá dificultades y no podré responder, o quizás, me toque tomar un trabajo que no me guste para poder pagar las cuentas.

Entonces, es fundamental tener un equilibrio entre las distintas áreas. Debo desarrollarlas al máximo, pero debo también desarrollarlas todas en paralelo para que mi rueda esté pareja, redonda.

205

Si yo tengo cuatro áreas con cinco puntos y un par de áreas en diez, quizás tenga que reducir un poquito esas dos áreas que están en diez para poder subir las que están en cinco y tenerlas todas en siete, y seguir trabajando en cada una de ellas para llegar a ocho, nueve o diez, pero en todas las áreas.

Una vez que tengo claro en qué nivel me encuentro en cada una de mis áreas, necesito saber exactamente a dónde quiero llegar. En la vida hay un tema que es muy, muy, muy, muy importante, y es que si no sé a dónde quiero ir, es muy difícil que llegue. Si no puedo decir de manera clarísima, concreta, concisa, exactamente qué es lo que yo quiero en mi vida, con lujo de detalles, con objetivos claros, medibles, cuantificables, realistas y que tengan un marco temporal definido, es muy difícil que lo pueda obtener.

Me gusta mucho el ejemplo que usa Tony Robbins cuando pregunta a la gente: "¿Qué estás buscando?", "Quiero tener más dinero", responde uno. "Perfecto, ¡toma un dólar y fuera de aquí!".

Ahora te pregunto: ¿cuánto más dinero quieres tener?, ¿cuándo?, ¿exactamente qué es lo que quieres?, ¿cuál es el salario o el ingreso anual que quieres tener?, ¿cuál es el tamaño del patrimonio que quisieras tener?

Necesitamos hacer ese trabajo que nos permitirá saber exactamente qué es lo que nosotros queremos en cada una de las áreas de la vida.

Tony Robbins recomienda también hacer el trabajo de las áreas de desarrollo, en nuestra carrera profesional. Podemos utilizar la misma estrategia, es decir, definir las áreas de mejora en mi trabajo, medirlas del uno al diez y definir un plan de trabajo para lograr equilibrarlas y desarrollarlas.

Yo te he presentado las seis áreas básicas de la vida. Ten la libertad de añadir o modificar alguna. Si quieres trabajar tu liderazgo, por ejemplo, puedes añadir el área de liderazgo. Si quieres trabajar tu contribución con el mundo, puedes añadir una categoría de filantropía, de ayuda al prójimo. En la vida profesional puedes hacer exactamente la misma cosa. Puedes hacer una tormenta de ideas y exponer exactamente cuáles son las áreas de tu vida profesional en las que quieres trabajar.

Una vez que tengas tus áreas clarificadas, vamos a utilizar una herramienta muy poderosa para definir exactamente qué es lo que queremos en cada una de ellas, definir el plan de acción y la estructura que te va a permitir implementarlo. Empecemos.

LOS SIETE PASOS DEL ÉXITO:

Paso 1. El resultado: primero que nada, debes saber cuál es el resultado final esperado, es decir, exactamente qué es lo que tú quieres. Escribe en un párrafo, con lujo de detalles, exactamente qué es lo que quieres en cada una de tus áreas. Por ejemplo: "Quiero tener un cuerpo lleno de energía, robusto, indestructible, inmune a todas las enfermedades. Un cuerpo flexible, resistente, que me permita tener la energía y la disponibilidad para lograr todos los objetivos de mi vida, para estar presente con mis hijos, con mi esposa y tener la fuerza necesaria para realizar mis proyectos y vivir la calidad de vida que quiero".

Eso es un resultado clarísimo, con lujo de detalles. Es el resultado final de lo que quiero con exactitud.

Paso 2. El porqué: más allá de saber lo que quiero, que me da muchísima claridad, hay que saber por qué lo quiero. Saber por qué lo quiero es lo que me dará la fuerza emocional para poder lograr ese objetivo.

Si no tengo bien claro la razón final, por qué quiero tener la salud y el cuerpo físico que tanto deseo, y respondo cosas como: "Bueno, lo quiero porque mis amigos lo están haciendo, o simplemente porque se lo copié a alguien". ¿Cómo crees tú que voy a encontrar la fuerza interior, la voluntad y la energía para obtener ese objetivo?

Si quiero, por ejemplo, ganar un millón de dólares al año, pero no tengo claro por qué, ¿cómo es posible lograrlo? Apenas encuentre una dificultad, mi fuerza de voluntad desaparecerá y no tendré la capacidad de continuar y hacer lo que sea necesario para avanzar. Simplemente, no tengo una razón poderosa que me motive.

Si mi objetivo es tener un matrimonio maravilloso, un núcleo familiar de crecimiento, de alegría, de amor, de compartir, que me permita crear seres humanos fantásticos y tener una relación de pareja llena de pasión, de aventura y de complicidad, ¿cómo puedo añadir un propósito?, ¿por qué quiero esto exactamente?

En mi caso, les puedo decir que, cuando era niño, mis padres se divorciaron. La separación, unida al cambio de país, las dificultades económicas, ver a mis padres gritarse y pelear, los cambios de escuela... Todas esas dificultades que yo viví me hicieron jurarme profundamente que mis hijos jamás vivirían las mismas cosas.

Yo no quiero que mis niños vivan lo que yo viví en mi infancia. No quiero ponerlos frente a esa dificultad. Estoy dispuesto a hacer lo que sea para que mis niños no vivan lo que me tocó vivir a sus edades.

Tengo una razón profunda y poderosa y cada vez que tengo una discusión con mi esposa, cada vez que pasamos momentos difíciles, porque, como todo matrimonio, los pasamos, tengo ese objetivo presente y me acuerdo de mi infancia. Me acuerdo de lo que pasó con mis padres y lo que significó para mí esa separación, lo mucho que me afectó después, y eso me da fuerza, me permite salir de un estado de egoísmo, en el que quisiera encontrar a una persona más sencilla para mí, que me haga caso o que me haga sentir mejor.

Entonces, en esos casos, activo mejores preguntas, unas de calidad, como: ¿qué hago para ver esto desde otra perspectiva?, ¿qué debo hacer para entender el sufrimiento de la persona que tengo enfrente?, ¿qué debo hacer para ser un hombre más grande, más sabio, para poder mantener este objetivo? El amor que tengo por mis hijos y el sufrimiento que viví cuando era niño, me hacen encontrar el aliento, la fuerza, lo que sea necesario para superar cualquier momento de dificultad.

¡Atención! A manera de paréntesis, con esto no quiero decir que estoy en contra del divorcio o que es negativo divorciarse. Yo creo que cada pareja es única y especial. Cada pareja tiene que buscar las soluciones que mejor se adapten a sus vidas y, en ciertos casos, lo mejor para todos, para los niños incluidos, es una separación. Pero también es cierto que en la sociedad moderna no estamos acostumbrados a luchar hasta el final por lo que queremos. Perdemos el entusiasmo muy rápido.

Hoy en día, la sociedad moderna ha hecho que veamos al divorcio como algo muy normal. Es la herramienta perfecta a utilizar apenas sienta inconformidad con mi pareja. Es impresionante saber que, en la actualidad, la mitad de los matrimonios terminan en divorcio.

El objetivo que quiero lo voy a alcanzar porque mis motivos son suficientemente fuertes.

Para continuar con el ejemplo de la búsqueda de mi propósito y explicar por qué quiero lo que quiero, es necesario, imperativo, ir a lo más profundo de mis tripas, a mi vientre y a mi corazón para buscar esas razones que me darán la fuerza, sin dejarme otra opción. El objetivo que quiero lo voy a alcanzar porque mis motivos son suficientemente fuertes.

Con mi propósito bien definido, tendré un efecto de palanca lo suficientemente poderoso para alcanzar esas metas. Las razones vienen primero, los resultados después. Si no tengo razones suficientemente fuertes, es muy difícil que alcance el resultado que estoy buscando. Así que invierte tiempo en buscar esas razones y asegúrate de que sean realmente aquellas que te van a mover desde adentro hacia afuera, escríbelas y mantenlas siempre cerca de ti.

Paso 3. Los roles: una vez que tengas claro cuál es el resultado que quieres, tu propósito final, tus razones y tu por qué, te invito a utilizar una técnica poderosísima que te permitirá asociar tu subconsciente con ese resultado. Se llama "el juego de los roles". ¿Qué quiero decir con esto? Vamos a buscar un personaje que yo identifique con mi resultado, con mi objetivo y que, de manera inconsciente, ya está dentro de mí. Un personaje que conozco y admiro y en el que quisiera transformarme.

Es la oportunidad de divertirte, de buscar algo que sea motivante, gracioso y que le facilite a tu subconsciente la comprensión de tu objetivo. Por ejemplo, uno de los roles para la categoría de cuerpo físico podría ser: personificar a un Adonis o ser un Brad Pitt. Quiero lograr tener la fuerza, la vitalidad, el cuerpo físico

211

de estas personas. Quiero tener, por ejemplo, la salud de Wim Hof. Quiero ser un *yogī*[3]. Cada vez que digo que soy un *yogī*, lo veo, lo siento y lo comprendo enseguida en mi cabeza con gran claridad. Mi subconsciente entiende perfectamente qué es lo que yo quiero lograr.

Es mucho más poderoso decir: "Quiero ser el señor de las finanzas, el maestro de la bolsa de valores", en vez de decir: "Quiero invertir en la bolsa de valores mucho dinero, con una rentabilidad por encima de la media". Tengo que buscar esos roles que me permitan asociar emoción y claridad, con lo que yo quiero.

Alguno de mis roles, por ejemplo, en mi categoría de ayudar a los demás y ser una fuerza para el bien, es ser el "Tony Robbins latino". En mi espiritualidad, tengo el rol de el "Gokú de la energía" y me imagino los personajes del anime *Dragon Ball* brillando con energía. Imagino que puedo desarrollar mi fuerza interior, mi espíritu, mi alma de una manera que sea visible, que sea tan poderosa como en esos dibujos animados que vi durante mi infancia. Quiero ser "el mago de las finanzas", "el inagotable", "el Buda moderno".

---

3 El *Diccionario de la lengua española* define como *yogī* a "un asceta hindú, seguidor del sistema filosófico del yoga"; o a una "persona que practica los ejercicios físicos y mentales del yoga".

Ahora, libera tu creatividad y busca esos roles que te pueden dar energía y claridad, y que puedan ayudarte a asociar tu subconsciente en ese proyecto de vida que estás desarrollando.

Paso 4. El top tres: define cuál es tu *top tres* de objetivos, es decir, cuáles son las tres cosas, los tres objetivos básicos, las tres áreas principales que, si logras dominar, permitirán que tu objetivo final sea logrado.

Sabemos que la concentración es poder, la capacidad de enfocarse, de evitar la dispersión te da un poder increíble. Entonces, ¿cuáles son esas tres cosas principales? Aquellas en las que debes enfocarte de manera prioritaria, esos tres pilares de desarrollo para lograr ese objetivo que quieres.

Por ejemplo, en objetivos de salud y energía, mi *top tres* son el yoga, la alimentación y el trabajo sobre mi estructura ósea. Yo sé que esas áreas me permitirán tener una mejor vida y mayor bienestar.

Trabajo mi alimentación, cuido lo que como y lo que bebo porque los alimentos son la fuente de mi energía y me aportan los nutrientes para estar sano y saludable. Practico disciplinadamente el yoga y la respiración pránica. Esto me brinda energía y salud para lograr equilibrio físico, mental, emocional y espiritual. Trabajo mi estructura ósea, hago ejercicios específicos para sostener mi zona lumbar y enderezar mi espalda. Esas son las tres áreas que me llevarán más lejos y más rápido a ese objetivo de energía y salud que yo estoy buscando.

No necesito hacer diez mil cosas, no necesito buscar constantemente cosas nuevas. Yo ya sé que esas son las tres áreas en que me debo concentrar. Quizás más adelante las cambie, pero por ahora, tengo la certeza de que, si me concentro en estas, lo voy a lograr.

Paso 5. Los recursos: hacer una tormenta de ideas sobre los recursos es una herramienta muy poderosa. Pensar en un recurso me permite dar un paso enorme hacia adelante, en los resultados que estoy buscando. Si yo quiero, por ejemplo, trabajar mis finanzas, ¿qué recursos tengo para poder mejorar mi posición financiera actual? En mi tormenta de ideas me digo: "Voy a leer libros de personas que han logrado enriquecerse. Voy a leer a Tony Robbins o a Robert Kiyosaki u otros". Si no quiero leer, puedo usar la televisión. Por ejemplo, ver documentales de gestión de dinero, gestión de patrimonio.

Otra idea sería reunir a personas de mi entorno que tienen una situación financiera sólida y preguntarles cómo lo hicieron. Puedo buscar en YouTube los testimonios de personas que lograron los objetivos que yo busco y que partieron desde donde yo partí.

Con esa tormenta de ideas, busco, trato de cavar profundo en mi cerebro para encontrar las ideas, las herramientas que me puedan ayudar. Busco encontrar una fuente de conocimiento, una fuente de energía, una fuente también emocional, porque, al pensar en esas ideas, puedo tener un momento de clarividencia y decirme: "¡esto es, ya lo encontré!", y sentir que mi camino ahora es mucho más sencillo porque encontré ese recurso.

Si quiero trabajar sobre mi cuerpo, puedo poner como recursos el gimnasio que está a quinientos metros de mi casa. Puedo poner como recurso todos los programas gratuitos que hay en Internet, de distintos tipos de ejercicio. Puedo asociarme a un grupo de personas que ya están trabajando continuamente en su cuerpo físico, como un grupo que trota todos los días, o un club de algún tipo de deporte que me interese. Los recursos, como la tormenta de ideas, te permitirán avanzar de manera concreta.

Paso 6. Los objetivos del primer año: y llegamos a mi paso favorito. ¿Cuáles son mis objetivos para los próximos doce meses?, ¿qué es exactamente lo que voy a hacer? En este paso voy a buscar objetivos precisos y medibles. Necesito saber con exactitud qué es lo que estoy buscando. Si mi objetivo final es muy ambicioso, quizás no lo lograré alcanzar en un año, pero necesito saber cuáles son los pasos que tengo que dar este año para poderlo alcanzar. Quizás lo alcance dentro de tres, cinco o diez años. Pero necesito saber exactamente los pasos que debo dar en el corto plazo.

Si bien es fundamental definir con libertad la cantidad de objetivos a fijarse, te aconsejo empezar con al menos tres y no más de siete. Si eres muy ambicioso, hasta diez, pero intenta

215

mantenerte concentrado en cuáles son los primordiales, sabiendo que tienes muchos años delante de ti para seguir logrando otras cosas.

Si te fijas demasiados objetivos, corres el riesgo de dispersarte al intentar hacer muchas cosas a la vez. Pensar en tus objetivos te forzará a escoger los tres objetivos a lograr en un año, que, multiplicados por las seis categorías, se convertirán en dieciocho objetivos en total. ¡Nada mal para un año! Es fundamental ser muy astuto en el diseño de tu plan de vida.

Piensa que, en general, todos tenemos la tendencia a sobrestimar lo que se puede lograr en un año. Tenemos esa tendencia de pensar que podemos lograr mucho más de lo que en realidad se puede lograr en doce meses y a la misma vez, tenemos una tendencia aún mayor a subestimar lo que se puede lograr en diez años.

Hacerte millonario en los próximos doce meses es un objetivo difícil de alcanzar. No es imposible, pero quizás improbable. Sin embargo, hacerte millonario en diez años, o hacerte multimillonario en ese mismo período de tiempo es un objetivo perfectamente alcanzable.

Es fundamental ser muy astuto en el diseño de tu plan de vida.

La gente dice: "Quiero ganar un millón de dólares los próximos doce meses". Si le preguntas a la gente: "¿Cuánto quieres ganar en diez años?". En general muchas personas no logran proyectarse. Seguro te responderán que quieren ganar cinco o diez millones de dólares. Esto demuestra el desconocimiento del concepto de crecimiento exponencial.

Si te marcas un objetivo demasiado ambicioso para los próximos doce meses y no lo logras, puedes perder motivación, perder tu *momentum*. Ese objetivo que quizás te parezca absolutamente inalcanzable, saldrá si te mantienes constante y si comprendes las leyes del crecimiento exponencial. Si piensas que no lo lograrás, perderás el entusiasmo. No te marques objetivos demasiado altos para alcanzar en un plazo temporal muy corto, diseña tu vida sobre el concepto de crecimiento exponencial. Debes comprender lo que significa y cómo funciona. El crecimiento exponencial ha permitido que algunas personas amasen grandes fortunas, esos hombres que empezaron con nada y se transformaron en billonarios.

Piensa, por ejemplo, en un crecimiento exponencial 2X, es decir, doblar las ganancias cada año. Si en el primer año en tu nuevo negocio ganas diez mil dólares, y tú piensas que en diez años solo lograrás ganar diez mil dólares por año, quizás pensarás que el esfuerzo no merece la pena. Ahora, si estás en una curva de crecimiento 2X, si en el primer año ganas 10 000 dólares, por ende, en el segundo año, ganarás 20 000 dólares , y en el tercer año, ganarás 40 000. Es aquí cuando la mayoría de personas se dan por vencidas. Sin embargo, al seguir con la dinámica, el cuarto año ganarás 80 000 y el quinto año 160 000 dólares. Los primeros años, puedes pensar que nunca llegarás al millón de dólares por año, sentirás el impulso de no seguir y abandonar. Pensarás que tu negocio no te producirá el valor que quieres para poder tener el estilo de vida que anhelas. Pensarás quizás, en cambiar y empezar otro negocio.

Fíjate que tardaste cinco años para ganar 160 000 dólares al año, pero es ahora cuando la cosa se pone buena. En el sexto año, otra vez multiplicas por dos y logras ganar 320 000 dólares al año. En el séptimo año, duplicas y ya son 640 000, en el octavo año, multiplicas por dos, ya logras ganar más de un millón por año. Alcanzaste la cifra de 1 280 000 dólares, mucho más de lo que lograste ganar en los primeros cinco años. En el año nueve, 2 560 000 y el año diez, más de cinco millones de dólares.

Si en el primer año te digo que con tu empresa vas a ganar más de cinco millones de dólares en un año, quizás me digas que estoy loco, que es imposible. Si ves solamente los diez mil dólares que ganaste en un año, me dirás: "¿Viste?, te lo dije, era imposible". Eso pasa porque no conoces la fuerza del crecimiento exponencial, no conoces su dinámica.

Pasar de cero a cinco millones es un reto importante, pero no imposible. No es necesario tomar riesgos excesivos ni implementar una estrategia suicida: todo o nada. La clave es desarrollar un negocio que vayas trabajando cada año, con inteligencia, con crecimiento orgánico, rodeándote de las personas adecuadas, buscando los socios adecuados, teniendo la idea brillante, teniendo otra idea que mejora la primera, optimizando cada una de las partes de tu negocio para que, poco a poco construyas una base de clientes que crezca también de manera exponencial.

Contactar a cinco millones de personas en un año es un reto enorme, contactar diez mil al año, es mucho más sencillo, se traduce en menos de mil por mes. Entonces, cuando voy a diseñar mis objetivos del año, cuando voy a buscar mi visión definitiva, debo trabajar mi visión a diez años, para saber exactamente adonde quiero llegar y luego implementar un plan anual centrado en una curva de crecimiento exponencial.

Si quieres bajar cuarenta kilos de peso, mi recomendación es que no lo hagas en un año, lo recomendable sería hacerlo en dos o tres. Plantéate un proyecto de vida que te permita comer más sano, afina tu dieta y comienza una actividad deportiva ligera y gradual. Concéntrate en definir resultados progresivos, medibles, que te muestren que avanzas en buena dirección.

Si cambias esos alimentos grasos por frutas y verduras, si cambias la comida industrial por comidas hechas en casa, si dejas de tomar bebidas azucaradas, si reduces la ingesta de alcohol y decides salir a caminar, con un paso ligero, unos treinta minutos cada día, cinco veces a la semana, en un año verás un impacto positivo en tu cuerpo, te sentirás mucho mejor. Pero el cambio te parecerá insuficiente, aún estás lejos de tu objetivo.

Pero ¿qué pasará si mantienes tu intención durante dos años, durante tres, cinco, durante diez?, ¿en quién te vas a transformar con todo ese crecimiento orgánico interior?, ¿en quién te vas a convertir con ese proyecto de vida, con esa transformación?

Utiliza la dinámica del crecimiento exponencial para tener objetivos, victorias, que te van a motivar a dar más, a sentir que estás en el buen camino. Hay que ser muy inteligente sobre la estructuración de tu crecimiento y la definición de tus objetivos.

Paso 7. Objetivos trimestrales: una vez que ya tengas claros tus objetivos del año, ahora trabaja tus objetivos trimestrales. Es decir, cada objetivo pautado para doce meses, lo vas a cortar en cuatro pedacitos. Volviendo al ejemplo de las finanzas, quiero ganar cinco millones en diez años. Muy bien. Ahora la pregunta es: ¿este año cuál es mi objetivo? Por ejemplo, podemos definir ganar diez mil dólares en inversiones personales o proyectos profesionales.

¿Empezarás a invertir en la bolsa de valores? ¡Bravo! Como hemos visto, iremos poco a poco. Lo primero es informarse bien. Para el primer trimestre, tus objetivos pueden ser invertir al menos veinte horas en Internet o diez horas al mes para investigar todo sobre el tema. Buscar, por ejemplo, en YouTube, videos que te enseñen estrategias de inversión exitosas.

Puedes comprar un libro sobre inversión bursátil. Busca un libro que te enseñe procedimientos de inversión exitosos, busca un club de inversionistas, de gente que está haciendo lo mismo que tú, pues te motivarán, te enseñarán, te brindarán asesoría y compañía.

En el segundo trimestre puedes empezar a leer los libros que compraste, comenzar con un programa de formación de inversionistas y ser parte de un club.

En el tercer trimestre, termina de leer tus libros, decídete a invertir tus primeros cinco mil dólares. Sigue trabajando en tu programa de formación de inversionistas y sigue relacionándote con personas afines, creando tus redes de inversionistas.

En el cuarto trimestre, invierte otros cinco mil dólares más, para un total de diez mil de inversión. Tal vez ya has finalizado con tu programa de formación y ya puedes tener una participación sólida, presente en el club de inversionistas.

Al final del primer año, solamente tendrás diez mil dólares invertidos, pero lo más importante, habrás labrado todo un camino de formación, de preparación, de creación de redes que serán las bases sobre las cuales construirás un plan muchísimo más ambicioso para el segundo año, porque ya contarás con experiencias concretas de inversión.

No tuviste que arriesgar ni poner en peligro todas tus finanzas, aprendiste durante un año distintas estrategias. Te has formado con libros, con programas y te has relacionado con otras personas que están haciendo lo mismo que tú en un club de inversionistas, personas que te han contado sus experiencias, sus secretos, que te han dicho qué hacer y qué no hacer, que te motivan cada semana, cada mes, a seguir trabajando porque ves cómo ellos avanzan y ves lo que ellos han podido lograr en sus vidas.

Cada una de estas categorías, tanto personales como profesionales, pasa por cada uno de estos siete pasos del éxito. Estos pasos son habitudes que construyen personas exitosas, personas que empezaron como tú, simplemente soñando o simplemente aspirando a algo mejor.

Son esas estrategias las que les han permitido lograr todo lo que han logrado, porque tenían claridad de cuál era su resultado final. Tenían muy claras sus razones poderosas para mantenerse en ese camino de crecimiento, porque lograron asociar su subconsciente con esos roles que les permitieron saber desde sus entrañas, sentir en sus tripas, qué es lo que estaban haciendo y lo que quieren ser.

> *Lo importante no es lo que haces, sino quién eres, en quién te quieres convertir, en qué tipo de ser humano.*

Recuerda, lo importante no es lo que haces, sino quién eres, en quién te quieres convertir, en qué tipo de ser humano. Mientras más grande seas, más poderoso seas como mujer, como hombre, cada una de tus acciones tendrá muchísimo más impacto en el mundo, en tu vida y en tus seres queridos.

Quienes han logrado el éxito son personas que comprendieron la importancia de tener bien claro cuáles son los elementos claves para lograrlo, cuáles eran sus bases, sus fundaciones, ese *top tres* de áreas en las que se tenían que concentrar para alcanzarlo.

Son personas que se rompieron los sesos al buscar recursos, ideas, herramientas que les permitieran avanzar, fijándose en aquellos que sí lograron sus objetivos e ignorando aquellos que no los han podido lograr, pero que te dan consejos como si fueran expertos. Y es verdad que son expertos ¡expertos del fracaso!

Finalmente, son personas que han sabido comprender la dinámica del crecimiento exponencial. Comprendieron que en diez años todo es posible. Comprendieron que, en solamente un año no se pueden lograr los sueños de la vida, pero sí se pueden sentar las bases.

Finalmente, mide, reflexiona y actúa

Aprende a poner el tiempo de tu lado, a utilizar ese recurso maravilloso. Que el tiempo trabaje a tu favor, camina con él de la mano para que no trabaje en tu contra. Las personas que miden sus objetivos una vez al año tienen altas probabilidades de fracasar.

Míralo así, si yo mido una vez al año, pueda que tenga un año malo. Si mido una vez cada trimestre, pueda que tenga un trimestre malo, pero no un año malo. Si mido una vez al mes, tal vez tenga un mes malo, pero no un trimestre malo, si mido cada semana, seguramente tenga alguna semana mala, pero no un mes malo.

Ese plan, con esos siete pasos, trabájalos cada semana. Te sugiero que lo hagas durante el fin de semana, antes de empezar una semana, o el lunes por la mañana.

En mi caso, prefiero los domingos por la noche porque, muchas veces, los lunes por la mañana, apenas llego a la oficina, ya hay sorpresas que me están esperando, que roban mi tiempo y no me permiten hacer mi trabajo de preparación de la semana. Entonces, una vez a la semana, recupera estos pasos de éxito. Recupera tus categorías de desarrollo personal y las de desarrollo profesional.

> *Aprende a poner el tiempo de tu lado, a utilizar ese recurso maravilloso.*
> *Que el tiempo trabaje a tu favor.*

Revisa tu objetivo definitivo, tu propósito, tus valores, tu *top tres* para el éxito, tus recursos, tus objetivos de un año y los objetivos de este trimestre que está en curso y decide qué es lo que vas a hacer esta semana para cada uno de ellos.

Prográmalo en tu agenda, bloquea tiempo para que, al entrar en la semana, el torbellino de situaciones probables e improbables de la vida no te vaya a robar esos momentos de trabajo, que son los que añaden más valor a la consecución de tus objetivos.

Esa práctica semanal, ese ritual de mirar tus objetivos, de organizar tu semana, te permitirá avanzar muchísimo más rápido de lo que te puedes imaginar. No olvides el poder de la concentración, mantente enfocado. Concéntrate en las verdaderas acciones que van a cambiar tu vida. No te concentres en las urgencias o en las situaciones adversas, que la vida te presenta constantemente con el objeto de desarrollar tu musculatura física, emocional y mental.

Toma el control de tu vida con objetivos claros. Escríbelos. Utiliza estos siete pasos para el éxito. Revísalos cada semana y organiza por adelantado tus objetivos y tu vida nunca volverá a ser lo que era.

Pasemos a la acción

Las acciones finales del último capítulo del libro son el instrumento para diseñar tu vida.

- Primero que nada, quiero que escribas tu misión, lo que llaman en la cultura anglosajona el *"mission statement"*. En un párrafo, escribe de manera concisa y precisa ¿de qué va tu vida?, ¿qué es lo que vas a lograr en tu vida?, ¿cuál es la vida que tú quieres vivir?, ¿cuál es tu legado en la Tierra?, ¿cómo quieres ser recordado? Tus objetivos principales.

Declaración de misión

_____

_____

_____

_____

_____

_____

_____

_____

Una vez que tengas esa visión de tu vida clara, define tus categorías de desarrollo personal y, luego, implementa los siete pasos del éxito en cada una de ellas, utilizando el modelo que encontrarás al final del capítulo.

Áreas de desarrollo personal

1. _____
_____
_____

2. _____
_____
_____

3. _____
_____
_____

4. _____
_____
_____

5. _____
_____
_____

6. _____
_____
_____

7. _____
_____
_____

8. _____
_____
_____

• Define también tus categorías de desarrollo profesional e implementa los siete pasos del éxito en cada una de ellas, utilizando el modelo que encontrarás al final del capítulo.

Áreas de desarrollo profesional

1. _____
_____
_____

2. _____
_____
_____

3. _____
_____
_____

4. _____
_____
_____

5. _____
_____
_____

6. _____
_____

7. _____

8. _____

Finalmente… ¡celebra! Has llegado al final de este libro. Has dado pasos de gigante hacia adelante. Es el momento de celebrar. Organiza un evento con tu familia, con tus seres queridos o con tu empresa. Decide tú qué es lo que te conviene más y anúnciale a todo el mundo lo que tú vas a hacer. Muestra tus objetivos. Compártelos, pídeles que sean parte de esta transformación de tu vida. Que te ayuden a mantener ese estándar bien alto, ese que acabas de definir para ti. Haz una fiesta para celebrar el primer día de tu renacer, el primer día de la vida de tus sueños. ¡Adelante!

CATEGORÍAS A MEJORAR	
ÁREA DE MEJORA:	

VISIÓN DEFINITIVA	PROPÓSITO DEFINITIVO
ROLES	TOP 3 PARA PROSPERAR
RECURSOS	OBJETIVOS DE UN AÑO

PLAN DE ACCIÓN
T1
T2
T3
T4

¡GRACIAS!

Quiero compartir contigo mi sentimiento, mi emoción de gratitud profunda por el regalo maravilloso que me has hecho.

¡Gracias, gracias, gracias!, por haber llegado hasta aquí, por haber dado tanto de ti, por haberme permitido compartir contigo estas estrategias que han cambiado mi vida.

En estas páginas, solo puedo expresar con palabras, con letras, la emoción que tengo en este momento, mis ojos húmedos, mi voz que se quiebra. Me has ayudado con tu vida, con tu esfuerzo, con tu tiempo, con tu energía a conseguir mi sueño profundo de vida, mi misión de vida, la de iluminar, traer luz a la humanidad para equilibrar el sufrimiento, la injusticia y la negatividad.

Mis experiencias de vida, las fantásticas como las terribles, me han construido y me han transformado en el hombre que ahora soy, junto a mi decisión, mi libre albedrío de poder escoger entre levantarme y luchar o permanecer en el suelo e insultar a mi prójimo, si pararme de la cama apenas suene el despertador por la mañana o quedarme durmiendo, si elijo ver televisión o leer y trabajar para mi progreso. Si dedico mi vida a ayudar al prójimo o a protegerme a mí mismo.

Te invito a que seas un multiplicador de estas estrategias de vida practicadas por tantos hombres y mujeres que han luchado con fuerza para lograr el desarrollo de una mejor sociedad, que han luchado fervientemente para que el ser humano, nuestra especie, se desarrolle. Te invito a que practiques estas estrategias para que puedas sacar lo mejor de ti, tu mejor versión, para transformarte en ese ser maravilloso, mejor que tus padres, mejor que tus abuelos, mejor que tú mismo.

Te invito a practicarlas para limpiar y purificar tu historia de vida, tu *karma*, como dicen los hindúes, para que te transformes en una fuerza para el bien y tengas un impacto positivo en el mundo, que el mundo sea mejor por el simple hecho de que tú lo hayas vivido.

Disfruta de la vida. Comprende que la vida es maravillosa. Que cada situación que te suceda, te permita lograr algo que antes te era imposible lograr.

Disfruta de la vida. Comprende que la vida es maravillosa. Que cada situación que te suceda, te permita lograr algo que antes te era imposible lograr.

Que la disciplina positiva, la creatividad, la confianza en ti, la meditación, la inteligencia aplicada, el cuidado del cuerpo y la alimentación sean herramientas indispensables en tu vida. Recuerda que necesitan ser cultivadas gradualmente. Ellas crecen como un árbol. Primero, parten de una semilla que brota en tierra fértil, luego, se transforman en un pequeño tallo del que brota una pequeña ramita, pero que, con el tiempo, con los cuidados, con el abono y el agua, formarán parte de una de las creaciones más maravillosas de la naturaleza.

Gracias por haberme permitido ser parte de tu vida. Te estaré eternamente agradecido. Observa, aprende, reflexiona y actúa.

¡Vive tu vida al máximo!

Carlos Malatesta

www.ingramcontent.com/pod-product-compliance
Lightning Source LLC
Chambersburg PA
CBHW031459120626
46545CB00005B/1677